作者序

　　這次很高興能親自介紹我的故鄉「沖繩」，我寫這本書的初衷是希望台灣朋友們去沖繩玩時能開開心心出國且平平安安回國，同時也希望分享在沖繩有很多沒打過廣告、不起眼，但被當地人喜愛的店家，每一家店都是我親自拜訪，吃喝玩樂體驗過，有我保障的店家呦！

　　這些店家主人很歡迎台灣朋友的蒞臨！

　　另外，我寫了一些關於沖繩的小知識，希望大家翻翻看多多認識沖繩！

　　根據調查這些年台灣觀光客在沖繩租車自駕遊發生意外的機率，比日本國內觀光客在沖繩租車自駕遊來得高許多，沖繩跟台灣都是我的家，我希望藉由這本書中的安全提示，加強宣導在沖繩自駕遊的安全性。

　　自己從零開始做起的這一本書真的是我的寶貝，期待大家開心去沖繩，也能帶著美好的回憶開心回來。

　　最後感謝認同我的想法，支持我信念的三木監督、楊樺先生，協助統籌出版的美如姐以及瑞昇文化，還有一路陪同我從接洽到採訪的小川先生，有您們的支持、參與及付出，才能把信念變成真實。

　　再次感謝所有協助我的人，祝大家旅途愉快 ！

　　切記 ！ 日本沖繩跟台灣是反方向，快車道和慢車道也當然相反，小心謹慎，安全開車，平平安安的回家！

梨梨亞

　　この度は、私の故郷である「沖縄」をこのガイドブックを通して、台湾の皆様にご紹介できること、心から嬉しく思います。台湾から沖縄にお越しになる皆様が、ワクワクウキウキ気分で来られ、楽しい思い出とともに無事帰国することを願いこの本の執筆に当たりました。

　　このガイドブックには、今までガイドブックに載ったことがないお店様をたくさん取り上げています。私自身が足を運び、しっかり食べ、しっかり遊び、体験しています。すべて、私が胸を張ってご紹介する方々です。是非台湾の皆さんにも、地域に根付き、地元の人に愛されている味、心のこもった美味しいお料理を、食べてもらいたいと思います。

　　このガイドブックに載っている店舗様は、台湾からの皆さんを心待ちにしています。是非、足を運んでください。

扶桑花女孩梨梨亞

自駕遊

沖繩秘境

梨梨亞 著

そのほかにも、沖縄の豆知識コラムもありますので、是非読んで更に沖縄を知って下さい。

　近年、台湾から観光で来られる皆様のレンタカーでの事故が増えております。電車が全土に通っていない沖縄では、やはりレンタカーで回るからこそ沖縄の隅々まで味わえると思います。

　そこで、沖縄で観光客の運転するレンタカーによる悲しい事故が起きないように、今回あえてレンタカーで回ろう！沖縄一周の旅と題し、このガイドブックを通して、交通安全事故防止の啓蒙活動をしようと思いつきました。

　その過程でもたくさんの沖縄の方々に素敵な店舗様をご紹介いただき、「美味しい、楽しい」取材の日々を過ごさせていただきました。

　そして、観光事業者様には、私のモットーである「伝える優しさ、わかりあう喜び」―この言葉を伝えたく活動しています。

　國、地域によって、文化、習慣、中でも特に「インフラ」が違います。

　「ここでは、こうしても大丈夫なんですよ。」「沖縄ではこうしていただけると助かります。」と伝えるえることで、文化的衝突を軽減することができ、第一線で働く方々のストレスを緩和することができると思います。

　たくさんの方々のご支援ご支持の元、形となったこのガイドブックは私の宝です。皆さんが沖縄に行くことを楽しみにし、満面の笑みで帰ってきてくれると嬉しいです。皆さんが沖縄でたくさん素敵な思い出を作ることができることを願っています。

　この本の始めの方に交通安全を第一に、沖縄でレンタカーを運転する上での注意すべきこと、気をつけるべきことを書きました。

　これも、皆様に大いに沖縄を楽しんでもらうためです。是非読んでください。

　最後に、賛同してくださった大成様、新里社長、三木監督、楊樺様、與那覇様、出版業務を引き受けてくださった紀美如社長、瑞昇文化出版社の皆様、そして、企画から営業、取材までご尽力いただいた小川様、皆様のご支持ご支援、貴重なお時間を割いていただいたからこそ形になりました。

　改めて応援してくださった皆様に感謝申し上げます。

　台湾の皆さん、沖縄旅行楽しんでください！これだけは忘れずに！沖縄、日本の車道は反対です！もちろん追い越し車線も逆なので、気をつけて下さいね。

　安全運転で、持って帰るのは、楽しかった思い出とお土産にしましょう！

梨梨亞

渡假天堂 *Okinawa*

碧海・藍天・陽光・沙灘の沖繩

此頁地圖羅列本書介紹的大約位置，讓讀者對於心儀的地點有粗略的位置關係，以便安排行程。

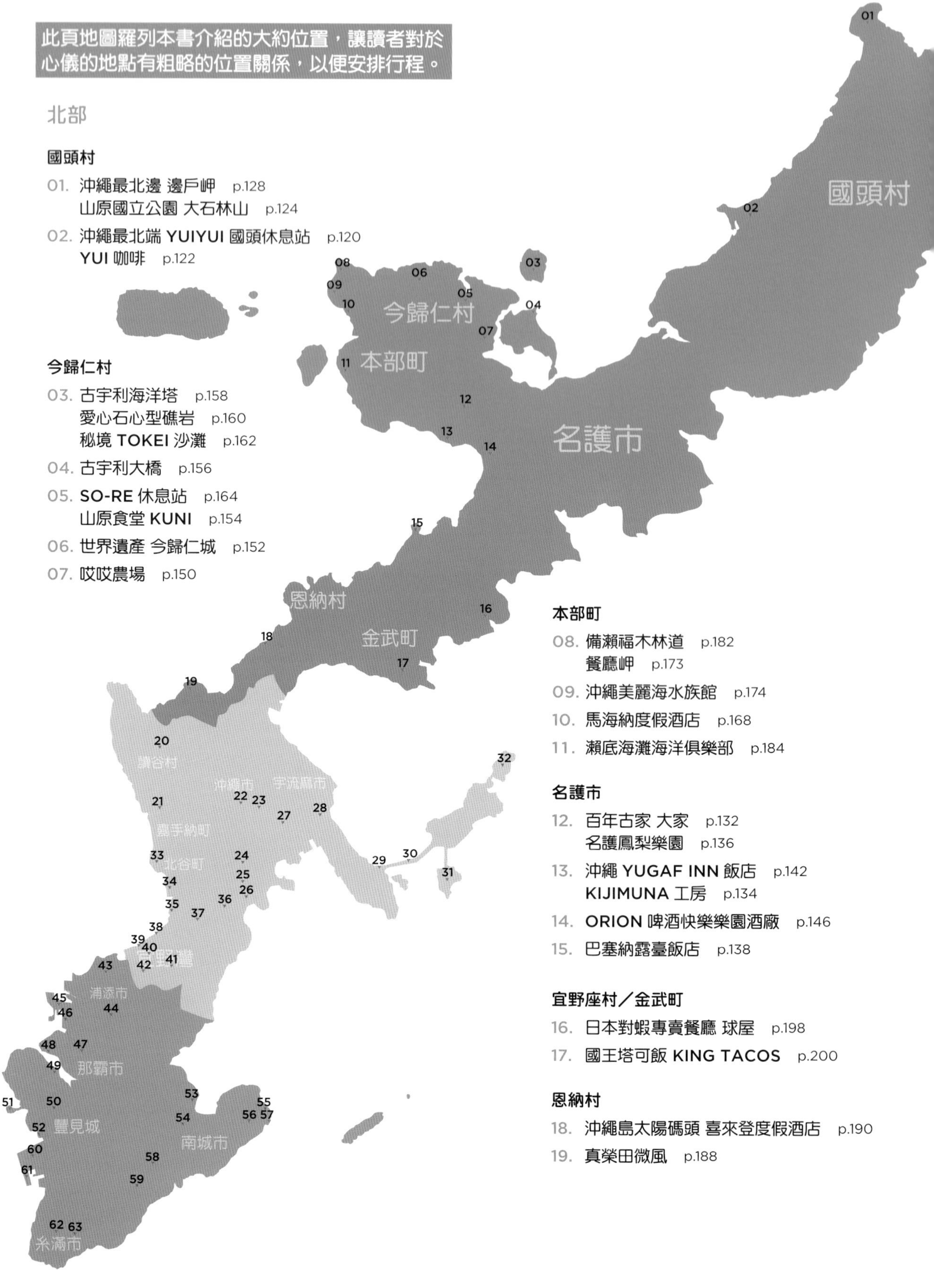

國頭村
今歸仁村
本部町
名護市
恩納村
金武町
讀谷村
沖繩市
宇流麻市
嘉手納町
北谷町
宜野灣
浦添市
那霸市
豐見城
南城市
糸滿市

北部

國頭村

01. 沖繩最北邊 邊戶岬 p.128
　山原國立公園 大石林山 p.124
02. 沖繩最北端 YUIYUI 國頭休息站 p.120
　YUI 咖啡 p.122

今歸仁村

03. 古宇利海洋塔 p.158
　愛心石心型礁岩 p.160
　秘境 TOKEI 沙灘 p.162
04. 古宇利大橋 p.156
05. SO-RE 休息站 p.164
　山原食堂 KUNI p.154
06. 世界遺產 今歸仁城 p.152
07. 哎哎農場 p.150

本部町

08. 備瀨福木林道 p.182
　餐廳岬 p.173
09. 沖繩美麗海水族館 p.174
10. 馬海納度假酒店 p.168
11. 瀨底海灘海洋俱樂部 p.184

名護市

12. 百年古家 大家 p.132
　名護鳳梨樂園 p.136
13. 沖繩 YUGAF INN 飯店 p.142
　KIJIMUNA 工房 p.134
14. ORION 啤酒快樂樂園酒廠 p.146
15. 巴塞納露臺飯店 p.138

宜野座村／金武町

16. 日本對蝦專賣餐廳 球屋 p.198
17. 國王塔可飯 KING TACOS p.200

恩納村

18. 沖繩島太陽碼頭 喜來登度假酒店 p.190
19. 真榮田微風 p.188

此篇向大家介紹梨梨亞的私房記事本，包含我的行李收納、私人穿搭及私藏的五天四夜景點規劃，就從閱讀這篇開始蠢蠢欲動的沖繩心情吧♪

整理行李

1 手提？托運？行李該怎麼放置

我看過很多人都把晚上在飯店喝酒剩下的酒順手放進手提包包，過安檢就直接被沒收。不過手提行李是可以帶少量液體，像女生朋友們的化妝水、粉底液、護髮油等，只要不超過100ml都是可以帶的，所以其他有水份的東西通通都放托運行李就不會沒收喔！但還是有例外：像是「圓頭的剪鼻毛的小剪刀」可以放在化妝包裡面帶上飛機，到沖繩前還是可以美美的！

以下整理了手提及托運的物品清單，出發前請務必核對仔細喔。

必須托運

自拍神器、相機腳架、磁鐵、棍棒、剪刀、美工刀、非電動刮鬍刀、各類刀具、果醬、水、飲料、醬油、化妝水、牙膏等。

不能托運的物品：

×電池類：行動電源、筆記型電腦、手機等，內有電池的物品絕對不能托運喔！

×打火機：請隨身攜帶，並僅限一顆。

必須手提

手提袋、錢包、輕型相機或望遠鏡、適量之免稅品、手提電腦等貴重品、行動電源、電池類、嬰兒於航程中所需之奶瓶及食物等、膠罐或噴霧類容器等液體需小於100ml並使用密封袋包裝、打火機僅限一顆並隨身攜帶。

不能隨身的物品：

×液體：果汁、罐頭、果醬、洗沐浴組等，此類液狀物品，請務必要托運喔！

×具攻擊性物品：例如刀具、棍棒等，包含相機腳架、自拍神器等，一定要托運喔！

×果凍：果凍布丁類或水分凝固的東西例如地豆豆腐、蒟蒻、海葡萄，這種「膠狀類」有偽裝成炸彈的可能，所以不能隨身攜帶。

絕對禁止攜帶的物品

另外尚有規定不允許上機的物品，也請特別注意喔！

✕ 水　　✕ 易燃物品　　✕ 腐蝕性物質　　✕ 肉類製品　　✕ 植物

※ 這些物品放到托運行李可能會造成爆炸或燃燒。

遵守以上規定就能安心通關沒問題！

2 行李怎麼整理

基本上到了沖繩什麼都有。國際通有什麼都有的大賣場是24小時，全年無休。連襯衫，領帶，內衣褲全身上下，藥妝通通都有，所以大家別擔心忘記帶東西。主要帶平常用習慣的藥物、化妝品就可以。海灘鞋、防曬乳、隱形眼鏡藥水都可以到那霸再買。甚至我會少帶一套衣服，到那霸再買。我連泳裝都到沖繩才買。所以出國不用一直擔心忘記帶東西。

可事先準備一份清單，條列式列出來，出門前檢查一遍，就不容易落東落西囉！

● 我平常必帶的是 ●

□ 手機充電線

□ 行動電源和充電線

□ 平常用的化妝包

□ 大梳子

□ 牙刷組

□ 隱形眼鏡

□ 眼鏡和眼鏡盒

□ 內衣褲三套

□ 褲子一件

□ 裙子一件

□ 洋裝一件

□ 上衣兩件

□ 駕照

□ 日文譯本

兩個人以上一起出國，一定要帶延長線。一個人也是。

如果你有手機、相機、電腦、WIFI機、充電式自拍棒及行動電源要充電的話，插座絕對是不夠的。而且，有延長線才能把手機放在身邊充電看時間。

四季穿搭

該穿什麼去？氣候如何？

平常跟台灣台北差不多，夏天就像墾丁。因為四面環海又沒有高山的關係，所以風很大。白天很熱，晚上就會冷。而且最近幾年全球天氣不穩，一天就溫差10度已經不奇怪了。

冬 **12月、1月、 2月** 12度到20度

白天晚上溫差大，體感溫度會到10度，
白天再暖也要帶厚一點點的外套。

春 **3月、4月、5月** 13度到28度

是突然夏天又突然初春的天氣。
也會突然下大雨。

夏 **6月、7月、8月、9月** 25度到35度

正夏天！必備草帽、防曬薄外套、防曬乳。
餐廳商店都有開冷氣，所以小朋友的外套
一定要帶喔！記得隨身攜帶水、運動飲料和
海鹽糖，隨時補充水分。

秋 **10月、11月** 20度到30度

還是在夏天的尾端，很多人都還會戲水，
我大推這時候來沖繩！不怕颱風，也不會
熱到不行，晚上就涼涼的很舒服！

冬 **12月、1月、 2月** 12度到20度

穿搭重點
保暖

春 **3月、4月、5月** 13度到28度

穿搭重點
攜帶
雨具

穿搭重點
防曬

穿搭重點
舒適

夏 **6月、7月、8月、9月** 25度到35度

秋 **10月、11月** 20度到30度

梨梨亞的最愛行程分享

這些地方超推薦！

五天四夜

扶桑花女孩的秘密景點

DAY1

拉古納花園飯店 → 普天滿宮「普天滿宮洞穴」→ 森川公園～飛衣傳說～ → 嘉數高台公園 → GABURI食堂 → 熱帶海灘 → 三明治＆派皮捲的店PIPPI → 北谷美國村 → 沖繩料理 北谷殿內

DAY2

沖繩最北邊 邊戶岬 → 山原國立公園 大石林山 → 沖繩最北端YUIYUI國頭休息站 → YUI咖啡（休息站內）→ 古宇利島 → 沖繩美麗海水族館

DAY3

沖繩YUINCHI南城飯店 → 沖繩世界文化王國 玉泉洞 → 飯店吃飯泡湯

DAY4

看日出 → 知念岬（知念岬公園）→ 世界遺產 齋場御嶽 → 知念海洋水上活動中心

DAY5

那霸國際通 → 國內機場 → 國際機場

5天4夜這樣玩──搭18:20的航班,好好起床,好好準備,慢慢走,開心的出門!
下午 15:30 到桃園機場(有時候旅團多的時候進海關那邊就排隊等40分鐘,所以一定要早到。機場有咖啡館跟餐廳,不用怕沒地方休息)不管搭什麼航空,盡量提早到機場,到櫃檯排隊寄託運行李,辦理上機程序,到出境大門排隊。＊請打開護照照片頁拿在手上。
晚上到沖繩,沒意外21:30就拿完行李,可以走到外面。如果到飯店就先睡覺,可以先走到國內機場最裡面接機門,那邊有一家沖繩麵店,也可以先吃再到飯店。先好好睡覺,隔天一早就好有精神!

第一天

拉古納花園飯店(吃完飯店的早餐出發!)
普天滿宮「普天滿宮洞穴」
森川公園～飛衣傳說～
嘉數高台公園
宜野灣漁港 GABURI食堂(吃午餐!)
吃完回飯店休息一下下
熱帶海灘
三明治＆派皮捲的店PIPPI
來去北谷!看看晚上的北谷美國村
吃時尚沖繩料理 北谷殿內
飯店旁邊的激安店,採購防曬油等旅途需要的東西。
回去睡覺

奔跑宜野灣漁市!
漁港內的集中食堂:這裡還有海鮮丼事賣店!也有沖繩麵店!很多選擇喔!

吃派皮捲!
肚子餓就吃漢堡三明治!

第二天

早起衝去沖繩最北邊!
沖繩最北邊 邊戶岬
山原國立公園 大石林山
沖繩最北端YUIYUI國頭休息站(這裡有餐廳)
YUI咖啡(休息站內)
邊欣賞風景繞去古宇利島
美麗海水族館

收行李

在這裡多停留一點,
各自吸新鮮空氣,
讓心靈休息一下!

第三天

早上退房。
一路開車欣賞風景。
沖繩YUINCHI南城飯店。
先放行李在大廳。
沖繩世界文化王國和玉泉洞可以玩一天！
回飯店吃飯泡湯休息。
明天早起看日出。（看運氣！）

玉泉洞一定要去！
（行程差不多 180 分鐘）

第四天

看日出。請搜尋日出時間。提早出發吧！
知念岬（知念岬公園）秘密中的秘密景點。
世界遺產 齋場御嶽
知念海洋水上活動中心（UKABI島）
玩到最後！

第五天

早上好好整理行李。最後行程那霸國際通。
餃子沾麵竹蘭。（吃午餐）
最後走走晃晃，看看有沒有什麼東西還沒買。
早一點往機場。
先去國內機場，可以看看很多名產。
有很多餐廳可以吃東西。

走去國際機場。

回台灣！

好了！
行程想好了就可以
出發沖繩！

（行前規劃）

1 護照該怎麼辦理？

現在申辦護照很方便了！外交部一樓有機器，只要把你的身分證放入機器掃描，列印，就完成填寫申請單了。當然，照片還是要自己貼，再來就是簽名。貼好兩張照片，簽名，再去排隊，旁邊的檢查服務台。服務員幫你檢查，沒問題他就給你號碼牌。前往3樓等。申請單被受理後，去1號櫃檯繳費。

＊正常速度一個禮拜可以領取。建議照片還是去專業照相館拍，會比較好看。
　一般快速照相機只是求快不求美，會拍得比本人醜。畢竟護照不是天天換的，
　也是給人看的，不如多花一點錢留下美美帥帥的自己！

晶片護照照片範例

外交部申辦護照影音教學

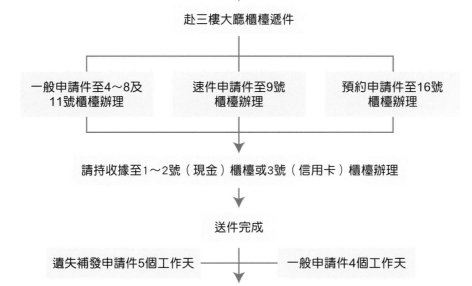

外交部領事事務局申請普通護照流程圖

先至1樓大廳後方套印並填寫護照申請書

↓

填妥護照申請書後向1樓領務局服務櫃檯抽取號碼牌

↓

赴三樓大廳櫃檯遞件

↓

| 一般申請件至4～8及11號櫃檯辦理 | 速件申請件至9號櫃檯辦理 | 預約申請件至16號櫃檯辦理 |

↓

請持收據至1～2號（現金）櫃檯或3號（信用卡）櫃檯辦理

↓

送件完成

遺失補發申請件5個工作天 ─── 一般申請件4個工作天

↓

依收據上領照日期向21～23號櫃檯領取護照

謹註：上述為本局申請普通護照流程圖，其餘外交部中部、南部、東部及雲嘉南任一辦事處之流程仍須
　　　以外交部四辦實際作業櫃檯為準。

取件：

收據

身分證正本
委託代理人需代
理人身分證正本

註1.18歲以下且未婚者須備父或母或監護人之身分證正本及正、反面影本各乙份。

註2.未滿 14 歲者首次申請護照需由直系血親尊親屬、旁系血親三親等內親屬或法定代理人陪同親自辦理。陪同辦理者應繳驗親屬關係證明文件（如國民身分證正本及影本，或政府機關核發可資證明親屬關係之文件正本及影本）。

各縣市護照辦理資訊

新北市政府（自103年10月1日起）及臺中市政府轄下北屯區、清水區、豐原區、大里區等4區戶政事務所（自106年9月15日起）常態性辦理「護照親辦一處收件全程服務便民措施」，針對首次申請護照至該府轄內戶政事務所申辦人別確認民眾，比照旅行業者代送（領）護照（相關資訊請逕洽新北市政府及臺中市政府）。

雲林縣政府轄下斗南、虎尾、北港、斗六、西螺、麥寮6個戶政事務所（不含辦公室）自107年1月22日起至同年4月30日止試辦「首次申請護照親辦一處收件全程服務」便民措施（相關資訊請逕洽雲林縣政府）。

台北外交部領事事務局
地址：台北市濟南路一段2-2號3~5F
電話：02-2343-2888
受理時間：週一～週五：08:30～17:00
（中午不休息，申辦護照櫃台每週三延長辦公時間到20:00）
公休日：週六、週日及國定假日

22航點29航線
台灣虎航帶你
玩轉亞洲
Around Asia With Tigerair Taiwan
tigerair
台灣虎航
東京成田・東京羽田・名古屋・大阪・岡山・福岡・佐賀・沖繩・大邱・釜山・濟州・澳門・曼谷・宿霧・長灘島・巴拉望
旭川・函館・花卷・仙台・小松・茨城
虎將

2 怎麼訂機票？

這次我搭虎航。有兩個原因，一個是可以買行李重量，還有一個是跟華航一樣是那霸國際機場上下飛機，非常方便！最後在登機口等待時，也可以吃到沖繩麵！我每一次都吃這一碗麵來做一個沖繩行的ending!現在機票都可以在網路上自己買了，那麼要怎麼買呢？要注意什麼呢？其實買虎航的機票最需要注意的重點是行李，因為機票裡面沒有含托運的行李，只有手提帶進飛機裡面的10公斤而已喔！

所以選好機票後，必須自己挑選你要托運的行李重量。

很重要！所以再講一次，托運行李重量是而外再買的。看你打算要買多少東西，15公斤、30公斤或80公斤。建議去程就一個人買20公斤就好，回程就買多一點，這樣就可以完全沒壓力，不用滿腦想著會不會超重，可以用力的買東西！

❶ 進入虎航首頁　　　　　　　❷ 選擇出發、抵達地點及日期

❸ 選擇飛行時間與機票種類　　　❹ 選擇加購托運公斤數及是否需要加點餐點

❺ 選擇座位　　　　　　　　　❻ 結帳

3 事先怎麼訂車子？

這次沖繩之旅全程的採訪都是靠AQUA Rent a car/アクアレンタカー。他們有提供貼心的機場接送服務，讓旅途一開始就真心感受到方便和用心。

這家租車行請了來自台灣的「高雄」和「台北」同時也精通日語的服務員。由他們來從頭到尾為大家服務，讓你共台語嘛ㄟ 通喔！

❶ 於臉書搜索『AQUA』

首先，打開臉書頁面。點上方搜尋的地方，輸入『AQUA』就會出現選項。選上面的。

❷ 點進 AQUA 的臉書（FB）粉絲團

❸ 點進右上方的『傳送訊息』，開啟私訊窗

留言給他們用中文就好，因為回覆的會是台灣人。

❹ 傳送相關資訊

以上是租車方式的詢問。等到他們上班時間，會告知相關的租車細節。提醒您！如果你有關閉通知聲的話，要隨時注意一下回覆喔！訂好車後，服務員會告訴你，當天要在哪邊等接駁車。

4 租用網路

中華電信、台灣大哥大、遠傳，是要直接申請電信公司國際漫遊？購買網路SIM卡？還是租WIFI分享器？我們來比較看看！

	電信公司漫遊	WIFI分享器	SIM卡式
參考價格	一天／399元吃到飽 5天／1599元吃到飽 7天1G／168元 7天2G／298元	一天／299元 有限速／一天99元	8天2G／599元
優點	・登機前10分鐘也可以直接打電話申請。 ・在國內一樣很穩。 ・不用充電。	・可以同時很多人使用。 ・可以省錢。	・跟國內一樣穩。
缺點	・一般都說貴。	・忘記充電就不能用。 ・有可能不定期斷訊。 ・必須要跟著帶分享器的人行動，離開太遠就沒有訊號了。 ・要保證金 ・我押過5千塊台幣。	・需要把原本在用的SIM卡拿出來，所以電話號碼就不能用。意思就是只能用LINE、WeChat、Kakao Talk、臉書等用網路的聯絡方式。 ・關機，抽卡出來，放卡進去，開機，設定，登入等有一個程序要完成。

※現在有很多通信業者也有新方案，也有跟信用卡合作優惠案。大家可以多多比較看看！

各有各的好。SIM卡，分享器都到機場再購買、再租就好。電信公司的國際漫遊，也可以打電話預約開漫遊的時間。所以可以到機場詢問，再決定你想要用哪一個方式。

（開啟旅程）

在沖繩語言不通，希望透過這些小知識，能讓大家開開心心出門，平平安安回家！

1 旅遊須知

出國前先保保險，開心旅遊無憂無慮

最近大家也應該常常在電視新聞聽到台灣朋友去日本受傷、早產的事情，在日本醫療費相當貴，早產夫妻的數百萬醫療費最後經由募款解決了。不過，不能每一次出狀況都靠募款處理，我們大家出國時，自己都要好好「以防萬一」。我這次採訪，連相機都有保保險。結果，攝影師在愛心型礁石那邊不慎滑倒，不幸中的大幸是還好出發前相機有保保險，保險人員就請他用自己的日本健保卡去看醫生。我們沖繩的各個單位都非常擔心大家的旅遊安全，畢竟語言還是不通，希望大家開開心心觀光，平平安安回家！

我再一次拜託大家，為了預防萬一請一定要保保險再出國！

2 抵達機場的方式

坐客運往桃園國際機場

如果你想用最方便的方式去桃園國際機場，那就坐計程車是快最方便的。從你家門口到機場入口，24小時隨時都輕鬆抵達，不過代價就是車費。下雨天，快來不及，住在轉車很耗時間的地區朋友，還是乖乖利用計程車比較好。今天是要搭飛機，不能遲到。

我們平常還是坐客運就可以。現在班次多，也有很多上車地點。路不熟的朋友，只要你能到台北車站，你就可以到機場了。

坐客運往 桃園國際機場

網路搜尋「桃園國際機場」→ 選擇機場交通 → 公共運輸 → 選擇客運巴士

會有大台北、桃園、台中的巴士資訊。

網路搜尋「桃園國際機場」→ 選擇機場交通 → 公共運輸 → 其他客運轉乘資訊

就會有三峽、蘆洲、汐止、宜蘭巴士資訊。

下列的「台北車站<＝>桃園國際機場」

1819 路 往台北車站　　　班次間隔15-20分鐘
　　　　　　　　　　　　服務時間：臺灣桃園國際機場24小時服務
　　　　　　　　　　　　車程55分鐘

坐捷運往 桃園國際機場

從台北車站捷運出口走過去機場捷運入口要一段時間。第一次走要30分鐘。請準備充分時間！

網路搜尋「桃園國際機場」→ 選擇機場交通 → 公共運輸 → 桃園機場捷運

台北車站到桃園機場 160元

高雄國際航空站

要到高雄國際航空站的南部朋友們也一樣，時間上怕來不及就直接搭計程車。我有一次，往桃園機場時，因為跟朋友討論說避免有人遲到，早點約在機場先吃飯。所以我特別提早出發，想起飛前四小時到機場。

結果，高速公路貨櫃車翻車，我晚到5分鐘，無法上飛機。現場買別家航空公司的機票飛。

網路搜尋「高雄國際航空站」→ 機場交通

坐捷運往 高雄國際航空站

高雄捷運設有高雄國際機場站(紅線R4站)，所以搭飛機出國的朋友回國的朋友都很方便喔！

高雄捷運高雄國際機場站的2號出口可通往國內線航廈、6號出口通往國際線航廈，另有四個出口可以到機場的停車場。

捷運尖峰時段班距為4-6分鐘、離峰時段班距不大於8分鐘。

3 到達沖繩了！馬上進入領車程序

❶ 租車說明

❷ 填寫個人資料，出示駕照及日文譯本

❸ 交通規則說明

❹ 標誌說明

❺ 道路說明

❻ 仔細聽完以上說明就可領車囉！

INFORMATION

アクアレンタカー 那覇空港店
Aqua Car Rental Naha head office

地址：沖繩縣那霸市3-27-9
電話：098-859-1222
傳真：098-987-1612
如何抵達：在Sakai Naha機場的銷售處乘車約8分鐘
付款方式：現金、信用卡
營業時間：早上8點至凌晨12點（交通信件8：00-21：00）
定期休假：全年無休

4 如何自助加油？

準備要自助加油喔！

選擇付款方式

先選現金付款還是信用卡付款。

付款

「滿タン」就是加滿的意思。

投一萬圓日幣。

要插對地方喔！

這就是除靜電板。

握好油槍加油。

🄀 找錢

到旁邊的找錢機。

把條碼對準。

加油步驟操作

問有沒有集點卡。直接按最右邊
「無集點卡」。

油的種類要選Regular。

下一頁。

加油

確認投標金額。

按確認。

先碰防靜電板再請拿起紅色的油槍。

領取收據

到你要的量或加滿，他會自動跳起，
確認價格。

這發票很重要，待會找錢要用上面的條碼。

完成！

紙鈔和零錢分開找給你。

加油成功！找錢成功！

5 沖繩停車場怎麼停車？

準備停車

❶

❷

❸

先看好價格，沖繩停車場的標價方式有很多種。

一個輪胎踩過去碰到後面的輪胎架就可以了。

取車時先去看好自己的車停在幾號。

付款步驟操作

❹

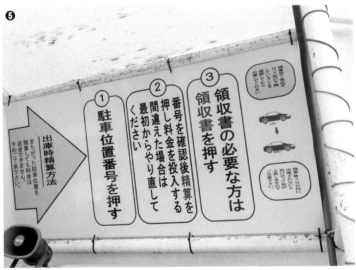
❺

找繳費機。

上面有寫怎麼操作，但是日文。

❻

❼

❽

先按停車格號碼。

按「精算」是結帳的意思。

確認一下停車格號碼和價格。

確認好就把現金或信用卡放進去。

錢放進去之後再按「領収証」收據的意思。

取出你的收據。

完成。

記得先看一下擋板有沒有完全下降。
確認後再上車。

梨梨亞小提醒

　　停車不難，不過我當地朋友就是看錯停車格號碼，差一點毀掉車子，當然停車費也幫別人繳了。出去玩有時太開心，晚上太暗沒看清楚，一不小心就會出事的，所以該確認的事情，別嫌麻煩還是好好做。

6 自駕注意點！請記得一個口令！

『靠左，左轉，靠左，左轉，靠左，左轉』

在日本，駕駛座在『右邊』。跟台灣是『相反』的！

等於馬路是『左行』，所以先看『右邊』，再看『左邊』。

如果開到一半，前面路口有分隔島，又沒有車一時不知道要左轉右轉，你就『左轉』！

請記得一個技巧一個口令，一時不知道走哪邊，別慌！直接慢慢『靠左，左轉，靠左，左轉，靠左，左轉』

祝你旅途愉快！

這日文是寫「停！」。要完全停下來。

7 開車不喝酒，喝酒不開車！多利用代駕服務！

在沖繩度假，就是駕駛也想放鬆，享受酒香味。

開車到了遠方，好想喝一杯！

這時候，讓駕駛和大家安心回家的方法就是「代理駕駛」。在台灣便利商店購票機就可以叫「代駕」。

今天在沖繩，就算語言不通，也不用擔心。秀出下面的梨梨亞小幫忙手指日文，請店家叫代駕。

記得準備好你要回去的目的地地址。

梨梨亞小幫忙手指日文叫代駕，請參考以下！

梨梨亞手指日文 👆

中文 不好意思，麻煩你幫我叫代理駕駛。

日文 すみません。代行を呼んでください。

中文 不好意思，麻煩你可以幫我叫代理駕駛嗎？

日文 すみません。代行を呼んでいただけますか？

中文 目的地是這裡。

日文 行き先はここです。

中文 請問大約等多久呢？

日文 待ち時間はどれぐらいですか？

中文 幫我問一下，大約多少錢嗎？

日文 いくらぐらいかかるか、聞いていただけますか？

梨梨亞の
自救安心秘笈

秘笈

1 我是素食主義者！

素食者，請自行帶素食調味料，至少有食材你就可以好好吃一餐。

基本上在沖繩以及日本，素食是沒有那麼普遍。所以通常在沖繩說素食幾乎是葷的，可能看起來都是用菜，但他用柴魚粉，牛骨湯，豬油等東西調味，炒煮。

我也親自遇過，請店家做素食，他們說沒問題，結果端出來的綜合炒蔬菜上面堆滿柴魚片。每一個地方都有普遍的事和不普遍的事。沖繩食材非常好，希望到沖繩的每一個朋友都能夠享受新鮮美味的食材。

梨梨亞手指日文 👆

中文　我的信仰以及家族規定我是吃素的。所以我不能吃動物性的東西。
　　　用豬肉，牛肉，雞肉，魚骨嗷的湯頭也不行。柴魚粉也不行。

日文　私は、宗教上及び一族の規定でベジタリアンです。
　　　動物性のものは、一切食べれません。
　　　豚や牛肉、鶏肉や魚の骨で出汁をとったスープも食べられません。
　　　お好み焼きやおひたしに乗っている鰹節もダメです。

梨梨亞小提醒

在日本吃素並不普遍，所以基本上沒有素食餐點。建議素食者自行帶調味料，請餐廳把蔬菜跟麵條燙一燙。只能期待，不能強求。沖繩是吃豬肉的地方，所以更難弄素食。

中文 我有帶調味料來，可以麻煩您把菜單上的炒青菜，用清水燙一燙給我嗎？

日文 私は、ベジタリアン用の調味料を持ってきていますので、お手数おかけしますが、メニュー上の野菜炒めの野菜だけをお湯で茹でてもらえませんか？

不吃牛肉的朋友請提供以下內容讓店家閱讀。

中文 我的信仰以及家族規定不能吃牛肉。
盤子上放在一起的食材也不能吃。
夾過牛肉的筷子也不行。
在同一個鍋子同一個鐵板煎煮也不行。
所以擺盤時，麻煩你都分開放。謝謝

日文 私は、宗教上及び一族の規定で牛肉を食べれません。
お皿の上に一緒に置かれている食材も食べられません。
牛肉に少しでも触れたお箸も使えません。
同じ鍋で調理したり、鉄板で同時に焼いたり、牛肉を調理したフライパンでそのまま調理した料理も食べられません。
なので、盛り付けの際は、別々でお願いいたします。

中文 有沒有完全沒有用到牛肉的料理呢？

日文 全く牛肉が使われていない料理はありますか？

梨梨亞小提醒

因為日本沒有不吃牛的習慣與概念，所以很難徹底做到，請盡量點一些像是：生魚片、烤魚、雞肉串、豬腳之類，不會碰到牛肉的東西。

秘笈 2 我會過敏！

沖繩方言上很多東西看不出來原料是什麼。每一年在沖繩就有吃『ジーマミ豆腐/JIIMAMI-DOUHU』的日本本島來的觀光客送醫急救。『ジーマミ豆腐/JIIMAMI-DOUHU』的原料是『花生』。

在日本對花生過敏的人很多，所以請大家先瞭解一下自己對什麼東西有過敏，出國前先把下面表格圈起來，到餐廳就給服務員看。

這就是ジーマミ豆腐

梨梨亞手指日文 👆

中文 我對花生／堅果類的食物過敏

日文 私は、ピーナッツなどのナッツ類に（食物）アレルギーなんです。

中文 我對螃蟹／甲殼類過敏

日文 私は、蟹などの甲殻類にアレルギーなんです。

中文 我不能吃豬肉。

日文 わたしは豚肉が食べられません。

中文 請問食物裡面有沒有含這樣的東西？

日文 こういったものが入ってますか？

我對有畫圈圈的東西過敏。
私は丸をしてあるものにアレルギーがあります。

雞蛋 たまご	牛奶 牛乳	麥 小麦	蕎麥 そば
花生 ピーナッツ	大豆 大豆	海鮮 シーフード	鯖魚 さば
蘋果 りんご	香蕉 バナナ	起司 チーズ	蠶豆 そら豆
花枝 いか	蝦子 えび	桃子 もも	核桃 くるみ
雞肉 鶏肉	牛肉 牛肉	麵粉 小麦粉	螃蟹 かに
奇異果 キウイ	松茸 松茸	吉利丁 ゼラチン	豬肉 豚肉
鮭魚 しゃけ	鮑魚 あわび	橘子 オレンジ	山藥 山芋

你也可以將其他有過敏的物品將日文稱查好後填再以下空白欄位

秘笈 ③ 突然不舒服！

如果突然不舒服！緊急狀況怎麼表達？
OCVB沖繩觀光局關心來沖繩旅遊的大家！
開開心心旅遊也要注意自己的身體狀況。
不過再怎麼注意，在外地太開心，開心過頭發燒，這種突發性的事情也難免。
如果萬一旅遊途中不舒服，不用擔心，給醫生看下面的表，用手指的方式讓你緊急溝通！
如果想知道更詳細，可以到我的粉絲頁或官網提出來喔！

痛みや症状の程度を示します
《指出症狀輕重程度》　　　😊 **我慢できる**《可以忍受》　　😣 **かなり辛い**《非常難受》

 頭が痛い《頭痛》

 鼻水が出る《流鼻水》　　くしゃみ《打噴嚏》
鼻血が出る《流鼻血》

 *4 熱がある《發燒》

 耳が痛い《耳朵痛》　　耳鳴り《耳鳴》
聞こえない《聽不見》

 *6 めまいがする《暈眩》

 *5 口の中が痛い《嘴巴裡痛》　　舌が痛い《舌頭痛》
味がわからない《嚐不出味道》

 腹が痛い《腹痛》　　 下痢《腹瀉》
胃が痛い《胃痛》

 歯が痛い《牙痛》
歯茎が痛い《牙齦痛》

 眼が痛い《眼睛痛》　　眼のかゆみ《眼睛癢》
見えない・見えにくい《看不見・看不清》

 *7 首が回らない《脖子無法轉動》　　首が腫れている《脖子腫》
首が痛い《脖子痛》

※圖表出自OCVB沖繩觀光局

[8]
- 喉が痛い《喉嚨痛》
- 声が出ない《發不出聲音》
- たんが出る《咳痰》
- せきが出る《咳嗽》

- 腰が痛い《腰痛》
- 下肢にしびれがある《下肢痠麻》

- 膝が痛い《膝蓋痛》
- 歩けない《無法走動》
- 曲げられない《無法彎曲》

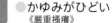

- かぶれた《起斑疹》
- かゆみがひどい《嚴重搔癢》
- 発疹がでた《發疹》
- じんましん《蕁麻疹》

[9]
- 息苦しい《呼吸困難》
- ヒューヒューする《有咻咻聲》
- 息切れがする《氣喘》
- ゼーゼーする《有喘息聲》

[10]
- お腹が痛い《腹痛》
- 膣から出血《陰道出血》
- 赤ちゃんについて気になることがある《有點擔心寶寶》
- お腹が張る《腹脹》
- 膣から水が出た《陰道流水》

- 胸が痛い《胸痛》
- 脈が乱れる《脈搏紊亂》
- 動悸がする《心悸》

- 不正出血《不正常出血》
- 腹が痛い《腹痛》

[11]
- 血尿がでた《尿血》
- 排尿困難《排尿困難》
- 排尿時に痛みがある《排尿時有疼痛感》
- 頻尿《頻尿》

- 泣き続けている《一直哭》
- 吐いた《嘔吐》
- 元気がない《沒有精神》
- 熱がある《發燒》
- 食事をしない《不吃飯》

- ケガをした《受傷了》
- 交通事故《交通事故》
- ころんだ《摔倒了》
- 切った《割傷了》
- 刺さった《刺傷了》
- あたった《撞傷了》
- 落ちた《跌倒了》
- やけどをした《燒傷／燙傷了》
- 虫に刺された《蚊蟲叮咬》

引用來源：*4、*5、*6、*7、*8、*9、10、*11 觀光廳、其他：JIS T0103:2005

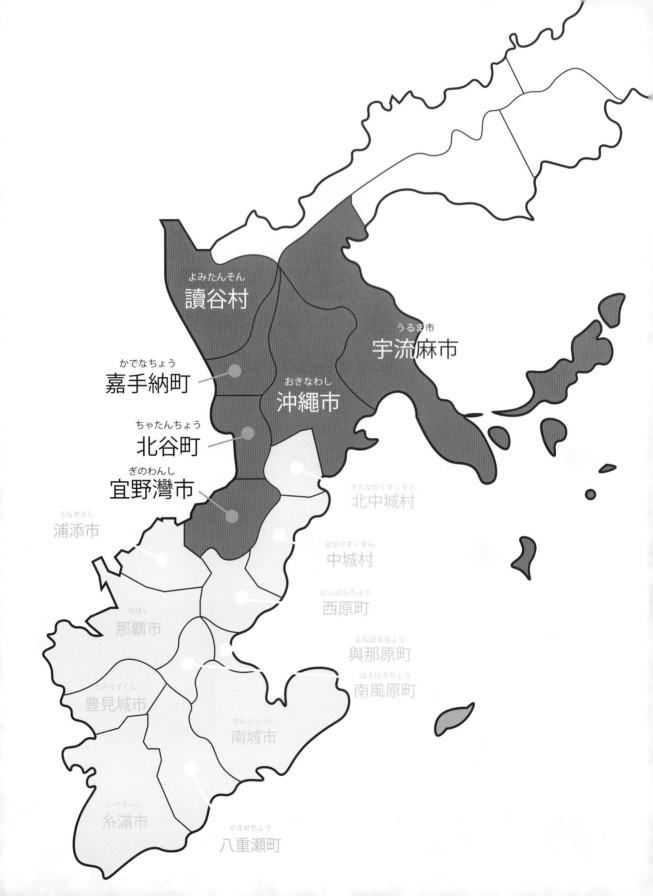

読谷村 よみたんそん

宇流麻市 うるま市

嘉手納町 かでなちょう

沖縄市 おきなわし

北谷町 ちゃたんちょう

宜野湾市 ぎのわんし

浦添市 うらぞえし

北中城村 きたなかぐすくそん

中城村 なかぐすくそん

西原町 にしはらちょう

那覇市 なはし

與那原町 よなばるちょう

南風原町 はえばるちょう

豊見城市 とみぐすくし

南城市 なんじょうし

糸満市 いとまんし

八重瀬町 やえせちょう

中部

宜野灣市

拉古納花園飯店

ラグナガーデンホテル

Laguna Garden Hotel Okinawa

來沖繩，一定要安排入住這家飯店。應該說你來到沖繩哪裡都想去，但不想天天換飯店就直接訂住在這裡，非常方便。飯店在那霸機場旁邊，使用AQUA租車行，路程約25分鐘。大廳中庭是水池咖啡館，附設室內游泳池和戶外游泳池，飯店內的餐廳各有特色，而且非常用心，他們早餐特別厲害。我最喜歡他們的「LAGUNA菜園」。

蔬菜的種類很多，可以吃到平常吃不到的蔬菜。早餐準備的菜色不只有沖繩料理，連日式、西式都有。中午也有日式Buffet和義式Buffet，住四天也完全不會膩！旁邊還有高級牛肉餐廳，頂樓有中式餐廳，可以邊看美麗風景邊用餐。想購物或有忘記帶東西的朋友，襯衫、褲子、化妝水…等，旁邊有開到清晨的激安MEGA宜野灣店，也有24小時中、日、西餐餐廳，白天可去SAN-A超市，還可以去港口食堂吃麵吃肉、吃生魚片、丼飯。

此外，一定要早起看日出，因為真的非常美！

INFORMATION ○ LAGUNA GARDEN HOTEL OKINAWA

地址：〒901-2224沖繩縣宜野灣市真志喜4-1-1

電話：098-897-2121　傳真：098-897-7711

＊備有殘障人士用客房

交通資訊：

從機場乘坐計程車/汽車

離那霸機場約14公里，所需時間約40分鐘，計程車費用：3000日圓左右（國道58號線直行，牧港交叉路口處在往『宜野灣』分流道左轉。）＊所需時間以及計程車費用僅供參考，如有不同敬請諒解。

從機場乘坐巴士

琉球巴士99路 → 在「宜野灣球場前」下車，徒步約5分鐘

沖繩巴士120路 →「真志喜」下車，徒步約15分鐘

機場班車「花號」

在「拉古納花園酒店前」站下車，所需時間約50-55分鐘

＊成人600日圓/兒童300日圓

日式Buffet有現炸天婦羅！

嘉數高台公園

嘉數高台公園

Kakazutakadai Park

位在宜野灣市，是很少觀光客會過去的隱藏景點。下面是公園，爬上去就是可看見整個中部的地球形觀望台。可以看到那霸市、浦添市，天氣好的話最遠可以看見讀谷村。而且從這裡可以看見世界有名的美軍基地「普天間基地」。運氣好可以看見軍機起降，水平線也看得到，是我非常推薦的景點。

下來公園停車場那邊有一個神秘販賣機，可以挑戰看看會出現什麼飲料。

很好玩。

INFORMATION

地址：〒901-2226沖繩縣宜野灣市嘉數1丁目5

營業時間：24小時

停車場：有，約15台（晚間8點後關閉）

費用：免費　廁所：有

＊階梯較多須注意

交通資訊：

自行開車

從那霸機場經國道330號線約車程32 分鐘。

從機場出發路線

那霸機場→國道58號線→波之上臨港道路→國道330號線→宜野灣市嘉數

潛水教學中心
ダイビングスクールまりりんぎのわん
MARIRIN GINOWAN

想要考國際潛水執照的朋友來沖繩！來宜野灣市！這是沖繩縣內第一個政府公認的潛水教學中心。在日本被稱為「日本的夏威夷」的沖繩，世界有名的海就在我們沖繩。這麼棒的地方竟然離台灣最近！

潛水教學中心有華人教練，用中文為你服務喔！

還有PIPPI餐廳在大樓內。對面就是宜野灣市港口，港口內有當地有名的食堂和賣場。旁邊就是拉古納花園飯店、激安MEGA宜野灣店、世界進口商店等附設很多店家的大規模的SAN-A超市，什麼都有。課程最短三天結業，可以安排個一週沖繩之旅。

INFORMATION　○ まりりんぎのわん（日文羅馬字輸入法：MA RI RI NN GI NO WA NN）

地址：〒901-2223沖繩縣宜野灣市大山7-10-27

傳真：098-942-2201

＊課程預約，詳細內容請到官方網站或臉書留言詢問

＊有華人教練中文服務

網址：https://maririne.jp/

GABURI 食堂

マルシェ内がぶり食堂

（宜野湾漁港 ゆいマルシェ内 / 宜野湾漁港　YUI MARUSYE 内）

非常適合肉食主義大胃王。他們主推就是「300公克牛排餐」，還有一口牛排＆炸雞雙享定食。這些吃到最後保證讓你覺得很飽。這YUI MARUSYE內有4家食堂，賣完全不同東西。所以呢，其實我們去的時候，我們的化妝師是不吃牛的，所以他就吃隔壁的海膽丼飯。我是愛吃他們的「一口牛排＆炸牡蠣雙享餐」，因為我愛吃牛肉又愛吃牡蠣，對我來講是完美組合！吃完可以到隔壁市場超市逛逛喔！

INFORMATION

地址：〒901-2223 沖繩縣宜野灣市大山7-1350-81
電話：080-2777-3737
營業時間：週一到週日 11:00～16:00
公休日：全年無休
停車場：停車位很多隨時去都沒問題

普天滿宮「普天滿宮洞穴」

普天満宮「普天満宮洞穴」

普天滿宮是琉球八社之一。宜野灣市唯一的神社。也熬過了1945年的沖繩戰。我們當地人都叫他普天間神宮，祈禱健康、交通安全、課業和寶寶順利生產。其實普天滿宮的神是古早祈禱航海安全以及海陸豐收，最有名的就是求緣分以及建築相關的祈禱，日本各地的人會特別來拜。在入口春天可以看見沖繩的櫻花「緋寒櫻」，雖然這裡不是觀光景點，還是可以來感受一下神社的空氣。

INFORMATION

地址：〒901-2202沖繩縣宜野灣市普天間1-27-10
電話：098-892-3344
費用：免費
營業時間：10：00～17：00
公休日：全年無休
停車場：有免費停車場

三明治＆派皮捲的店 PIPPI

サンドとコルネの店ピッピ

Coronet and Sandwich Pippi

這家店我超愛。我有次去沖繩時，帶沖繩本島人過去吃。他是愛吃甜點的一個老闆，一直住在沖繩卻不知道這家，讓他吃了他們的香蕉派皮捲，他立馬愛上了。後來我拜託店家老闆讓我採訪，我們團隊大哥不吃甜點，也被我逼著吃，但吃一口後，他主動自己挑口味開始吃。

PIPPI這家店不只是好吃，他把他的甜點做『派皮捲』的形狀是有原因的。宜野灣市是一個中間是空洞不能發展的地區。因為中間有美軍基地，所以當地居民要去另一邊，就必須要繞路。

老闆就把它的甜點做成中間空洞的派皮，然後再研究擠在中間的餡。表示派皮是宜野灣市，中間是美軍，生活就是這樣，有大家一起好好相處的意義。再來就是『圓』，『團圓』『圓滿』『緣分』『有緣』『圓＝對的、好的、一切順利』，希望老闆的心意傳達給大家。

現場也可以點咖啡內用！

INFORMATION 🔍 PIPPI

地址：〒901-2211沖繩縣宜野灣市3-16-25
　　　ファイン（FINE）宜野灣　1F＊建築物名稱

電話：098-893-2132

營業時間：9:00～21:00（週日到2000）

停車場：3台

網址：http://www.pippi.biz/shop/

Wow!!
拿出這本書就打9折！
滿500圓日幣送一杯
芒果汁或百香果汁！

055

森川公園～飛衣傳說～

森川公園羽衣伝説

Morikawa Park

森川公園內的泉水是被認定為沖繩縣的文化財之一。請大家注意看看周圍的疊石,疊的很優美,這地方也是一個有名的能量點。再來就是有「飛衣傳說」。

很久以前,有一個很窮的農民,在這裡遇見正在泉水裡淋浴的天女。農民把天女的羽衣藏起來,就這樣很順利的把天女帶回家當妻子。不久,他們有了一男一女的兩個孩子。有天,天女在女兒唱歌給弟弟聽的歌詞裡,察覺到她的羽衣的藏所。天女她就披羽衣,跟孩子們難過地道別,回到天空去了,這就是這裡的傳說。無論如何,來到這地方就能感受到森林的氣息。有展望台、廣場、溜滑梯、盪鞦韆和散步步道,可以帶便當、飲料來小遠足!記得白天來,傍晚會有蚊子。

INFORMATION

地址:沖繩縣宜野灣市真志喜1-24-1

停車場:有

有洗手間,飲料販賣機

熱帶海灘

トロピカルビーチ

tropical beach

宜野灣市的熱帶海灘是設備齊全的海水浴場。有商店、更衣室、投幣式儲物櫃、投幣式淋浴間，還有烤肉區。不下水的朋友也可以來，有休息聊天椅！

這裡有管理室，想空手來烤肉的話可以先預約喔！

INFORMATION

地址：〒901-2224沖繩縣宜野灣市真志喜4-2-1

電話：098-917-5466

停車場：有

開放時間：4月下旬～10月30日

游泳時間：上午9:00～下午7:00

　　　　　（依季節變動）

海灘開放期間：4月下旬～5月 利用時間：上午9:00～下午9:30 可游泳時間：9:00～18:00	海灘開放期間：9/1～9/15 利用時間：上午9:00～下午9:30 可游泳時間：9:00～18:30
海灘開放期間：6/1～6/15 利用時間：上午9:00～下午9:30 可游泳時間：9:00～18:30	海灘開放期間：9/16～9月底 利用時間：上午9:00～下午9:30 可游泳時間：9:00～18:00
海灘開放期間：6/16～8月底 利用時間：上午9:00～下午9:30 可游泳時間：9:00～19:00	海灘開放期間：10/1～10月底 利用時間：上午9:00～下午9:30 可游泳時間：9:00～17:00

宜野灣玻璃船 Benefit
ベネフィット号

在七色美海上看著夕陽,同時又可看著海底的神秘海景,船上的玻璃船底能讓你清楚看到海底的生物。可以邊喝紅酒邊吃美食,跟家人朋友聊生活的點點滴滴,讓美食變更美味更香。宜野灣玻璃船 Benefit就是能為你實現這美好的這一刻。

在海上可以辦私人派對,也可以辦驚喜求婚等人生重要的關鍵大事。

INFORMATION

地址：〒901-2223沖繩縣宜野灣市宇地泊558-18

電話：098-897-2764

營業時間：9:00～18:00

公休日：週六、週日

網路搜尋：一般社團法人宜野灣市觀光振興協會

網址：http://ginowan.info/member/㈱benefit/

沖繩 小知識

沖繩的 6 月 23 日的謎：怎麼很多地方都沒開呢？

每一年 6 月 23 日是「祭奠日」，只有沖繩才有的特殊節日，自 1974 年開始，這天學校和公家機關是休息的，一般民間的公司以及公共運輸是正常營業，那什麼是祭奠日？

有去過沖繩的朋友可能有看到一些儀式，是為第二次世界大戰的太平洋戰場沖繩戰役的死去的人表示追念，對我們沖繩人來講是非常嚴肅的一天，小時候除了拿到日本全國統一的社會課課本以外，我們還有一本琉球歷史的課本。

同時也祈禱世界和平，在這場沖繩戰役很多沖繩人被奪走生命，我在這一天的中午 12 點，會向南方默哀一分鐘，如果剛好這一天在沖繩的話，可以到縣廳搭免費的巴士去平和紀念公園，我們一起祈禱。

額外還有平和遊行、沖繩縣平和祈念資料館，沖繩平和祈念堂是免費參觀，在平和之礎上有刻上在沖繩戰役犧牲的所有人的名字。這就是很多人還不曉得的沖繩歷史，現在這些當時很多人躲起來的鐘乳洞周圍都變成公園，可以當作去走走深度認識沖繩歷史。

中部

北谷町

沖繩坎帕納船舶酒店

ベッセルホテル カンパーナ沖縄

VESSEL HOTEL CAMPANA

沒去過沖繩的人也知道沖繩有一個地方叫做『美國村』。這家飯店就在美國村裡面,非常方便就不用說,讓我覺得很興奮的是飯店就蓋在離海岸近到不能再近的地方,從我住的房間看下去正下方就是海。到了房間,窗戶打開望出去就是水平線,吹著海風,在房間也可以赤腳,可以當作自己家的客廳一樣坐在地上放鬆。

想好好享受美國村的朋友,住這家飯店肯定讓你很自在。外面都有美食,連住3天也吃不膩。飯店樓下有便利商店,半夜肚子餓還可以下來享用日本出名的便利商店美食。

INFORMATION   🔍 VESSEL HOTEL CAMPANA

地址:〒904-0115沖繩縣中頭郡北谷町字美濱9-22
電話:098-926-1188
傳真:098-926-6868
網址:https://www.vessel-hotel.jp/campana/okinawa/

Depot Island 購物天堂

デポアイランド

Depot Island

這裡就是大家都知道的北谷町的奇幻全方位購物區。大家都稱為「美國村」。如果今天你什麼都沒帶就來到沖繩，又想要時尚一點的南國度假風的東西，來這裡就對了！從頭到腳，所有東西都可以在這裡入手！我也是常常臨時需要多待幾天的時候在這裡得救。
面海的區域都是美食區，沖繩縣民食到美式料理什麼都有，可以邊逛邊物色一下，買完東西要吃什麼！

INFORMATION

電話：098-926-3322
地址：北谷町美濱9-1 Depot Island大樓A棟 1樓
營業時間：10:00-21:00
公休日：全年無休

海岸牛排館
シーサイドステーキ　ビィーフィーズ
SEASIDE STEAK Beefy's

想要有一個完美浪漫的沖繩夜，那就來這家SEASIDE STEAK Beefy's就對了。

我每次去都坐戶外，也都挑閃亮太陽快變浪漫夕陽的時段。

這家牛排就是讓你覺得很有「我在吃肉！」的感覺！大口大口吃很過癮。不吃牛肉的朋友，可以吃豬肋排！美式調味讓你大大滿足！

還有魚排、雞肉排、無冷凍過的新鮮龍蝦排，一桌滿足任何人的胃！

INFORMATION

地址：〒904-0115沖繩縣中頭郡北谷町美濱9-21
　　　Depot Island デポアイランドシーサイドビル 4F

電話：098-982-7566

公休日：每週二

停車場：有

營業時間：17:00～23:00

R 咖啡
アールカフェ
RCafe

店在北谷町美國村的Depot Island裡面。一樓面海的地方是最好的位子。我去過幾次，有一次遇到颱風，覺得我很幸運，可以吃到美食之外，由於店的裝潢是看海的設計，所以我邊吃邊看颱風天的大海。很有趣，很難得的體驗。

平常來都很優美，突然看見大浪打上來，能感受到自然的威力。介紹這家的美味之前，我一定要告訴大家，我為什麼要介紹這一家。我第一次來的時候，吃得很滿足，離開前借洗手間，在裡面看見擺好的嬰幼兒尿布，有寫說請多多利用。這只是一個小小事情，不過我感受到店家對小嬰兒的媽媽的愛心。也表示很歡迎帶小朋友，帶全家人來用餐！看到照片，大家應該我不用說也知道非常好吃了吧！

熱騰騰的法國吐司上冰冰綿綿的冰淇淋，加上有帶酸味的莓果類。全部同時放進嘴巴裡……笑得合不攏嘴！ベリーパラダイス（莓果樂園）

INFORMATION

地址：〒904-0115沖繩縣中頭郡北谷町美濱9-39
　　　Depot Island オークファッションビル 1F
電話：098-936-2600
營業時間：週六、週日9:00～19:00（最後點餐18:30）
　　　　　平日、國定假日10:30～19:00（最後點餐18:30）
公休日：不定期公休

沖繩料理 北谷殿內

北谷殿內（チャタンドゥンチ）

Chatan Dunchi

這間沖繩料理店位於北谷町的美國村Depo Island裡。靠海的地利優勢與店內滿滿時尚風格的裝潢更加搭配，戶外露天的位子氣氛更好。遇到天氣好，建議夕陽時分來用餐，吃著沖繩美食、望著滿天的橘景伴隨著太陽西落，欣賞慢慢落去海裡的夕陽，玩樂一天的心情也因此一點一點的沉澱，很是美好！

店內也有很多日本觀光客前來用餐，是沖繩人都能拍胸脯推薦的沖繩料理餐廳。師傅們不馬虎的料理著餐點，秉持著保留沖繩料理的精髓去創新。

水雲天婦羅、燉豬腳等沖繩傳統菜色我都很愛，更推薦豬肉BBQ燒！保證讓你吃到笑得合不攏嘴！

INFORMATION

地址：〒904-0115 沖繩縣中頭郡北谷町字美濱9-21
　　　デポアイランドシーサイドビル　3F

電話：098-982-7211

營業時間：11：30～22：00

午餐：11:30～15:00

晚餐：17:00～22:00

公休日：無

席位：70席

沖繩海景咖啡廳

カリフキッチン沖縄

THE CALIF KITCHEN OKINAWA

拍攝中間我就是來這家店休息吃冰！在美國村走累了想好好坐下來，但還不想吃飯的時候可以來這邊！天氣好的話，我還是推薦大家做戶外的位子，坐在大沙發，看著大海，大口吃冰，不放鬆都很難！

INFORMATION

地址：〒904-0115 沖繩縣中頭郡北谷町美濱9-21 デポアイランドシーサイドビル 3F

電話：098-926-1010

營業時間：周一至周五8：00～22：00
　　　　　周六、周日、休假日8：00～22：00（週日正常營業）

公休日：不定期公休

席位：42席

停車場：有

石垣牛專門店　燒肉金城

石垣牛專門店　燒肉金城

Yakiniku Kinjo

來自石垣島的燒肉店。自產自銷（石垣島YUIMAARU牧場）石垣牛和阿咕豬。
聽到石垣牛，不用我來說明大家都知道的頂級牛肉。他們不只很用心地在做食材，公司
的每一個人都在服務你的人和心，到了店可以看一下座位牆壁貼的文，他們很重視家族
客人，希望可以多多帶小朋友來，不用怕弄髒環境。歡迎全家人來享用！

座位牆壁上的貼文：親愛的爸爸媽媽，小朋友是弄亂七八糟的達人，我們小時候也如此，桌上以及座位周圍弄髒的地方都由我們來整理就好。所以千萬別在乎，至少來到我們店就好好安心地慢慢用餐吧，媽媽！全金城工作人員 致

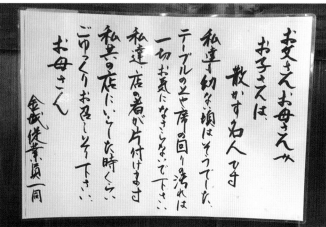

INFORMATION

地址：沖繩縣中頭郡北谷町北前1-11-10

電話：098-983-7566

營業時間：11:30～23:00

公休日：全年無休

拉古喜那酒吧餐廳

ラクシーナ

La cucina Food & wine

這家餐酒館是在住宅區裡，不在熱鬧的美國村那邊。

我朋友就住在這家附近，有一天找我吃飯喝一杯，就這樣遇見這家秘密餐廳。喝酒，尤其是喝紅酒，就是要吃肉！而且，料理長說他們用美國牛，便宜、好吃為主題來給當地居民美好的夜晚。牡蠣鑄鍋燒也非常適合當配酒，當然他們有義大利麵等主餐，可以先吃主餐再享受下酒的餐點喔！

INFORMATION

Wow!!

帶這本書來店
送生啤酒！

拉古喜那酒吧餐廳

地址：沖繩縣中頭郡北谷町濱川208

電話：098-989-1755

營業時間：18:00～25:00（24:00 Food.LO）

公休日：每週三店休、週一到週日（公休日和週六除外）
　　　　18點～21點是快樂時光！（飲料最高半價）

席數：20席（含吧台6個位子）

停車場：店前面可以停三台、附近還有停車位

付款方式：現金、信用卡

沖繩麵 OKINAWA SOBA 的由來

傳說沖繩麵的來源是在明治後期（1905年～1912年），中國人把木炭的上層水和麵粉混合揉出麵條，做成湯麵來吃就是沖繩麵的原型。

其實『SOBA』是用蕎麥去做出的麵條，所以有用蕎麥才能叫做SOBA，但是沖繩麵卻是完全是麵粉製作的。日本本島的 SOBA 是一定有用到 30% 以上的蕎麥粉，所以沖繩歸還到日本之後，被禁止叫 OKINAWASOBA。

但從以前就用這名稱受大家的喜愛，大家一起請求了數年之後，昭和53年10月17日（1978年10月17日）正式從公正取引協議會認定「沖繩そば OKINAWA SOBA」的名稱，也同時入了日本全國麵類名產特產品的行列。

在沖繩，每一年10月17日是『沖繩麵日 OKINAWA SOBA 之日』。各個沖繩麵店會舉辦一些優惠。如國在這一天你在沖繩，盡量吃沖繩麵吧！

因為，被列入為全國麵類名產特產品是只有9種。日本有47個都道府縣。我們的沖繩麵是可以驕傲的！

我很希望大家多吃幾家沖繩麵。品品湯頭。不會輸給拉麵的！

香濃卻不油膩，順口不留有膩感就是我們沖繩麵的特色。

中部

沖縄市

東京第一飯店
沖繩格蘭美爾度假村

オキナワグランメールリゾート

Okinawa Grand Mer Resort

位在沖繩中部沖繩市，從那霸開車50分鐘。要去URUMA市的海中道路，或去伊計島走走的朋友可以選著這家飯店。

周圍有AEON MALL（永旺夢樂城沖繩來客夢），和沖繩小人國（動物園），一般超市也有，所以不只是觀光，購物也非常方便。

飯店內有游泳池、托兒所、免費借出嬰兒車等服務。還有在大廳天天都有沖繩獅子彩繪，果凍蠟燭等各式各樣的體驗活動。萬一遇到颱風天也可以在飯店內享受沖繩！

這家飯店在高台上，所以從客房可以看見整個東海岸。如果能夠早起的話，還可以看見水平線上升的日出。一到飯店大門口也可以欣賞從上往下的海景！

INFORMATION　🔍 東京第一飯店沖繩格蘭美爾度假村

入住時間：15:00～24:00

退房時間：12:00

地址：〒904-2174沖繩縣沖繩市與儀2-8-1

電話：098-931-1500

傳真：098-931-1509

小朋友樂園附設動物園
沖繩こどもの国
Okinawa Children's World Zoo and Museum

小朋友樂園（KODOMO NO KUNI），大家直接稱為是動物園，但其實不是。他們的大動物園只是個附設。小朋友樂園是主要為了培養小朋友的知性、感性和創造力設立的。在廣大的設施內，有科技技術體驗館，手做體驗區。

歡迎帶小朋友，可以安排一天的時間，來體驗看看日本第八種類多的動物園。真的好好逛的話，一天瞬間就過去了。大人也可以回到童年，其實在園內大人比較嗨！我自己也在鋼琴樓梯玩得很開心！

INFORMATION

地址：〒904-0021沖繩縣沖繩市胡屋5-7-1

電話：098-933-4190

營業時間：

春夏期間－四到九月：9:30～18:00

（最晚入園時間17:00）

秋冬期間－十到三月：9:30～17:30

（最晚入園時間16:30）

公休日：每週二、年假期間（12/30～1/1）

Player's Café 樂活餐酒館

プレイヤーズカフェ

Player's Café

從外面看起來很時尚優雅的氣氛，進到店裡坐下來，觀察店裡發現其實是很有巴洛克感的餐酒館。雖然看起來是酒吧的感覺，但老闆希望大家來用餐，他們是餐廳有酒可以喝，也可以只喝酒的概念。

常客最愛點的是『炸串拼盤』。使用菜籽油油炸，所以不會讓人吃不下去。沙拉、肉類、披薩、飯類、甜點什麼都有。

甜點很酷，搭配鮮奶油好幸福！生火腿披薩，搭配紅酒絕配！

INFORMATION

地址：〒904-0004沖繩縣沖繩市中央2-6-47

電話：098-929-1169

營業時間：17:00～24:00（最後點餐23:30）

公休日：每週二

▲『ROCK SIDE』

我一個人住了一個晚上。剛到的時候非常開心！穿著衣服就進去浴缸裡！這是一間夢想之家，舒適又時尚。不過一個人住很寂寞，歡迎大家約朋友及家人來住！很適合連續住個3晚、4晚，不用每天整理行李，可以在超市、市場買東西回來自己煮，感覺就是回到家！

▶『ROOF TOP STAR』

房間也是超大空間，從外面看不出來這裡有這麼大的住宿空間。雖然要爬樓梯，不過也值得！

旅行留影飯店 KOZA

トリップショットホテルズ・コザ

Trip shot Hotels Koza

來到KOZA，大家應該會感受到跟那霸很不同的氣息。這個城市留有濃濃的美國文化，在1970年代是類似之前的台灣台北的東區，是時尚的發行地！當地人都說已經沒有以前的熱鬧，不過還是留下日本文化以及美國文化的特殊景色。我希望大家在這地方感受不同的沖繩，所以住也特殊一點！這個飯店的老闆想法很有趣，他把以前的美容院、酒吧、酒店改造成住宿空間，很有心的想用已經有的東西來讓沖繩動起來，所以他的飯店都是「超級房間」，沒有一間是一樣的。

INFORMATION

地址：〒904-0004沖繩縣沖繩市中央2-6-47
電話：070-5489-3969
網址：http://koza.tripshot-hotels.com

▶ 『CENTRAL』
這間房我沒有住，不過我看照片，也好想去住。很久以前的遊戲機就是桌子，裝潢也幾乎都保留原酒店的樣子。有去住的朋友記得跟我分享喔！

津堅島 秘境沙灘
つけん島　日帰り離島ツアー

這行程是東京第一飯店沖繩格蘭美爾度假村的特別方案！沖繩夏天是到處都是人，海邊也不意外，沙灘都是人人人。在這麼旺季時，坐一會船，來到Tsuken-Jima，看到飯店的服務區以及沙灘…這才叫度假呀！看到這美景和整個感覺，真的值得過來，這才是真正享受沖繩的慢活時光。

INFORMATION

◎秘境沙灘行程

8點45分：平敷屋港 集合
9點00分：平敷屋港 出發
9點30分：津堅島 抵達
自由活動時間（約5個小時）中餐請享用
「現場鐵板煎牛排吃到飽」
15點00分：津堅島 回程
15點30分：平敷屋港 抵達 解散

費用包含以下：

當天價格
大人 8000日圓（預約價 7000日圓）
小孩 5000日圓（預約價 4000日圓）
學齡前（6歲以下）1980日圓（不含飲食，香蕉船）
保險費、來回船票、浴室使用費・更衣室使用費、牛排＆野菜拼盤＆白飯吃到飽、休憩區使用費、幼兒（0～5歲）一人份的來回船費（※第二位幼兒610日圓／人…以此類推）

上間便當沖繩天婦羅炸物店

上間弁当てんぷら店登川店

Uema Bento Tempura

登川店是總店。從早上5點就開始營業囉！

說到登川店的起源，第一代是由老闆的爺爺奶奶在市場開立的生魚片店為起頭。第二代老闆的父親因為年事已高，開始由第三代的他來繼承接班，結合了網路的銷售手法去擴展登川店的行銷規模，至今已經營五家店以及網路店面來滿足沖繩本地人的胃。

他們最有名的就是「てんぷらTE NN PU RA」，而在沖繩人口中的「てんぷらTE NN PU RA」是沖繩特有的天婦羅。因麵皮的製作特殊與大家在台灣所吃的天婦羅口感和外觀有著大大不同。

INFORMATION

地址：〒904-2142沖繩縣沖繩市登川3-23-20

電話：098-937-9477

傳真：098-934-7377

營業時間：5:00～19:00

公休日：基本上無公休，不過有時會有員工旅遊。

東南植物樂園

東南植物楽園

Southeast Botanical Gardens

這裡是植物樂園！不是只有植物喔！是一個帶小朋友全家人來的好地方，未滿6歲免費喔！從很多台灣也有的植物到完全沒看過的植物都有。園區內設備環境很周到，可以讓小朋友自由奔跑，這裡還有小小農場可餵食給山羊、倉鼠等小動物。我在這裡體驗了沖繩獅子神上色，走累了可以換靜態活動，邊休息邊回憶！

我大推薦到日本第一的亞歷山大椰樹街好好找角度拍照！在日本是很難成長到這麼高，這樣的景色只有這裡有！

再來就是龍血樹。他的名字來源是樹幹受傷時會流像血的紅色樹液。很特別的植物，樹本身長得也很特別！

INFORMATION

地址：〒904-2143 沖繩縣沖繩市知花（字）2146
電話：098-939-2555
營業時間：日～四：9:00～18:00
　　　　　（最晚入園21:00）
　　　　　週五、週六、假日前一天：9:00～22:00
　　　　　（最晚入園21:00）
公休日：全年無休
入園費：
大人：1,500日圓／高中生：1,000日圓
小學生、國中生：500日圓（未滿6歲免費）
網址：http://www.southeast-botanical.jp
＊官方網站有營業時間月曆。出發前請確認！

KOZA 一番街商店街
一番街商店街

Ichibangai Shopping Arcade

沖繩市KOZA是有很特別味道的地方。這一帶很多外國人住在這裡，曾經是一個很繁榮的地區。現在白天商店街很多店家都沒開，7月7日情人節商店街都會佈置的很有氣氛。街頭也是連續幾個大樓外牆都畫滿很特別的畫，是拍照的好景點。

到了晚上，陸陸續續亮起燈來。沒錯！一番街這一帶是沖繩市的隱藏美食區。日本料理、沖繩料理居酒屋、大阪燒居酒屋、韓國料理、中國料理、中東夾餅餐館等很多種餐廳。因為不是國際通那種觀光聖地，所以應該都沒有中文菜單。不過我們當地人都在吃的東西，一定都好吃！不知道什麼東西就吃吃看！

想知道是什麼，歡迎來我粉絲頁問我喔！偷偷告訴你，一番街入口外面有一個小小馬芬店的巧克力馬芬很好吃。到了這一帶，找停車場，隨興走走看！

INFORMATION

地址：〒904-0004 沖繩縣沖繩市中央 1 丁目 3-7
電話：098-938-2095

中部
宇流麻市

海中道路

海中道路
Kaichu road

首先跟大家公告，大家都在說的「海中道路」其實並不在「海裡」哦！這是URUMA市觀光協會的人一直拜託我告訴大家，海中道路是建在海上一條長長的堤防，所以大家有沒有發現，它名字裡沒有「橋」。

全長5.2公里，中間有休息站、餐廳、名產店、海上活動設施、廁所、淋浴間。在這馬路上就可以玩一整天了！我還有看到一群人在烤肉。偷偷告訴大家，面對休息站右手邊的海灘很大又很淺，適合帶小朋友去玩水喔！

INFORMATION

地址：〒904-2427沖繩縣宇流麻市與那城屋平
電話：098-923-7634（URUMA市商工觀光課）
停車場：約300輛　公休日：全年無休
交通資訊：
自行開車
下「沖繩北」交流道約21分鐘車程
搭乘巴士
從那霸巴士總站搭52、80號約105分鐘，於「與那城前」站下車後走路約4分鐘

海之站 AYAHASHI 館
海の駅 あやはし館

位在海中道路中間的休息站，在這裡可以吃得到當天釣到的生魚片等，除了吃的、喝的、玩的，還有帽子、拖鞋、禮品，基本上什麼都有。還有使用當地的海藻做的麻糬，當地食材的炸物。旅遊途中大家可以來這裡休息，吃日本ㄘㄨㄚ冰！也有熱狗堡。

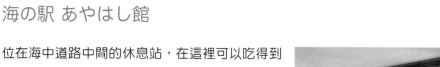

INFORMATION

地址：〒904-2427沖繩縣宇流麻市與那城屋平4番地
電話：098-978-8830
營業時間：9:00～19:00（夏季）
9:00～18:00（冬季）
停車場：很多

伊計島

伊計島

Ikei island

位於宇流麻市的一個島嶼，很鄉下有時收不到訊號。不過已經來到沖繩了，手機就放一邊，好好享受獨一無二的小島「伊計島」，只有一個橋可以過去，所以不會迷路的。晚上不僅美麗還涼爽，當然白天也非常美，還有海水浴場可以戲水。我最推薦天氣好的晚上九點後再來，你會看見滿天星斗！空氣清新很舒服，島上還有日本國家指定史跡「仲原遺跡」。

仲原遺跡：繩文末期（約2500-2100年前）
沖繩縣的代表性遺址。

小島上的攝影館
小さな島のフォトスタジオ

這家攝影館位於伊計島，是一位當地民眾年輕時離鄉背井一段時間後，為了讓更多人可以看見他的故鄉，他決定返鄉回沖繩，並且在這棟傳統式的建築開設了他的攝影館，平常的工作除了拍藝術照外，攝影師會在沖繩獨有的神秘海景下，結合了夜晚的銀河當背景，拍出夢幻藝術照的攝影師，提醒大家滿月或上下弦月的時間，只能拍月光為背景的照片，要拍出銀河的背景要等到朔月的日子才能拍出！給你們看看，我也有拍！配合著神秘的場景與夜色，值得一生去拍一次這樣的體驗！

有月亮也可以拍。

基本套餐
7,000日圓／一個人
拍攝時間：1小時
幫你拍滿天星下奇蹟的一張。
適合家族、情侶、閨蜜、朋友紀念照。

經典套餐

9,000日圓／1個人

拍攝時間：1小時

銀河、筆光藝術、燈飾等當背景，幫你拍出ＩＧ最受歡迎的奇蹟照。

豪華套餐

24,000日圓／一組：拍攝張數5張

INFORMATION

地址：〒904-2421沖繩縣宇流麻市與那城伊計73番地

電話：090-5938-3857

信箱：chiisanashimano.photostudio@gmail.com

營業時間：必須寫信討論預約日期！

公休日：沒有

皮艇海上散步 濱比嘉島

シーカヤックおきなわ　カモメのジョナサン

KAMOME NO JONASAN

宇流麻市（URUMA市）観光物産協会

照片上我在坐的就是皮艇（英語：kayak）。皮艇海上散步是跟潛水一樣，到處都有愛好者在玩。皮艇的好處是不用下水，有兩人座，不容易翻船，不用怕！

這個地方是玩皮艇玩遍的人才會發現，很少人才知道的聖地。

教練說出海前會教手勢，這樣就沒有問題，出海就自己划，享受一般看不到的美景！真的是划皮艇才能看得到。

INFORMATION　🔍 臉書搜尋：宇流麻市観光物産協会（宇流麻市輸入法：URUMA市）

地址：〒904-2427沖繩縣宇流麻市與那城屋平4番地先

電話：090-9404-5225

營業時間：8:00～18:00

預約時間：三天前的下午18點前

公休日：基本上全年無休（看天氣。例如：颱風，海浪大，豪雨等天氣，不提供服務）

信箱：mail:info@uruma-ru.jp

　　　kamomeokinawa@gmail.com

日文預約網站：https://www.seakayakokinawa.jp/

＊可以拍這本書照片傳給他們，再跟他們留言預約

KANE 食堂
かね食堂

這家餐廳是來這一帶玩的時候的救星！沒吃到中餐，或在宇流麻超過沖繩的晚餐時間店都關的時候，可以直接來這裡。這家料理就是非常食堂！讓當地居民吃飽飽，份量很大又便宜！當地的朋友說他們就是會點豬腳定食或骨汁。我也吃了豬腳定食，好吃！很有沖繩家庭料理的感覺。

這家不是什麼大名鼎鼎的餐廳，也不是做觀光客的生意。這家就深根當地，是爺爺奶奶帶孫子或全家人來吃飯的地方，非常有沖繩當地味。

對面也有便利商店，吃完飯還可以採購。

INFORMATION

地址：〒904-2304 沖繩宇流麻市與那城屋慶名369-1
電話：098-978-5630（預約專線）
營業時間：11:00～22:00（星期日照常營業）
公休日：無
停車場：有
座位：80席

沖繩麵專賣店「穆酷」（MUKKU）

沖繩そば「ムック」

麵條捲度很強，越咬越香的沖繩麵。沖繩麵套餐的小菜不定期更換，給當地老客戶小確幸。重點是他的價格，我直接跟老闆說一分貨一分錢，應該價格要調高一點。老闆只是笑笑說大家常來就好。穆酷的豬肋排沖繩麵的燉豬肋排味道也很棒！這家店老闆其實是專門做豬肉加工品，他的煎豬腳很有名！跟乾煎大蒜一起吃，讓人笑得合不容嘴。

還有沖繩特殊小菜『スーチカSUUCHIKA』目前我吃過最最最好吃的。它是醃鹹豬肉串燒。怕油怕鹹的我都覺得雙手舉起投降了！

店的位子在巷子裡，店內的座位就是沖繩食堂的樣子。讓人很溫馨。

怎麼去？直接導航！沖繩縣立中部醫院當目標開過去就找得到。

INFORMATION 🔍 綠萬食品（首頁會出現沖繩そば ムック的照片）

地址：沖繩縣宇流麻市宮里206-6
電話：098-973-6056
營業時間：9:00～19:00
公休日：週三
停車場：有（沒位子就找老闆）

菜單：

三層肉沖繩麵	沖繩そば（三枚肉）半そば ￥350 中￥600 大￥650
軟骨肋排沖繩麵	軟骨ソーキそば、中￥650 大￥680
肋排沖繩麵	ソーキそば 中￥700 大￥730
腸子沖繩麵	中味そば 中￥650 大￥680
豬腳沖繩麵	てびちそば 中￥750 大￥780
沖繩家鄉飯	ジューシー￥100
鹽燒豬腳香蒜風味	てびち塩焼き（ニンニク風味）￥260 ※￥150
醃鹹豬肉串	スーチカー串焼き￥160
搭配麵的話150圓	※￥150 ※各中そば以上とセットなら ※の 段です。
鹽燒豬腳香蒜風味	てびち塩焼き（ニンニク風味）
外帶包	5個入り￥1080 2個入￥520
酸甜肋排外帶包	スペアリブ1パック（500g～600g）￥1000

R&R 披薩 帕里尼店

R&R　ピザ　パニーニ

Rest&Relax Cafe

這家是在當地開咖啡館的朋友介紹給的，不起眼，容易不小心就會走過頭。這家招牌是披薩，好吃沒錯！不過，我要來推薦的是『スモークアップルハム/煙燻火腿蘋果帕里尼』入口嚼幾口散發出的鹹甜清爽的感覺～～～，超幸福！可以先懷疑我，還是一樣請你自己去吃再判斷。我很怕好東西介紹了之後，變成我自己要排隊才能吃。

這家還有一個特別空間！就是可以讓嬰幼兒自由活動的榻榻米的位子。讓爸爸媽媽也可以讓好姐妹聚餐好好吃一餐！

INFORMATION

地址：沖繩縣宇流麻市具志川2996

電話：80-9103-8996

營業時間：週一09:00～18:00

　　　　　週二到週六 11:00～18:00

公休日：週日

濱比嘉島的鹽工房
高江洲製鹽所

濱比嘉島の塩工房　高江洲製塩所

Salt Factory

在一個小島上偏離村莊靠海的海鹽工房。這家是靠古早的方式提煉海鹽，這方式設備現在在日本只有兩個了。他們每天製作非常天然的海鹽，搭配牛排，炒菜都很搭，可以使食材的甜味更明顯。

在這裡還可以體驗製作海鹽，製作後會給你一個沖繩陶器裝起來帶走做紀念。師傅說看每一個人做出來的鹽巴就知道這個人的個性。大家可以製作屬於自己的海鹽喔！

INFORMATION

地址：〒904-2316沖繩縣宇流麻市勝連比嘉1597

電話：098-977-8667

營業時間：週一到週五10:00〜16:00

週六、週日10:00〜15:00

公休日：週日及國定假日，颱風天前後

網址：http://hamahigasalt.com

＊可用電話或郵件「info@hamahigasalt.com」
　預約製鹽體驗

濱比嘉島沙灘

濱比嘉島浜辺

Hamahiga Beach

來到濱比嘉島，多待一會，去沙灘走走吧！這周圍的島都還沒有被污染。慢慢繞一圈，找一個好停車、不會擋住其他車輛的地方停車，留下屬於自己的回憶。雖然很鄉下，很偏僻，不過還是有人住在這裡，生活在這裡，花草也是島民的，所以，請別順手採花喔！

新垣先生家的芒果
新垣さん家のマンゴー
ARAKAKI Family`s MANGO

他跟弟弟一起從事芒果農。在沖繩的芒果農唯一一位30歲的農夫。

他們家的芒果是走高級路線。甜度都到23％！最後會落在18、19度，超級甜，但他的芒果的甜是散發強烈芒果香的芒果味，很清爽。

他們主要的客人是本島網購群，因為他們的用心，品質穩定，讓大家當作禮物送給重要的人。老闆新垣先生說如果來到沖繩，歡迎來芒果農園！剛好當季的話，請大家現場吃芒果！希望嚐嚐看沖繩的太陽和大地孕出來的芒果。

INFORMATION 🔍 新垣さん家のマンゴー（ARAKAKISANN IE NO MANNGO―）

地址：〒904-2213沖繩縣宇流麻市田場309-1

電話：080-6483-3149

公休日：不固定

旅行留影別墅 – 濱比嘉

トリップショットヴィラズ・ハマヒガ

Tripshot Villas Hamahiga

濱比嘉島是一個仍保有沖繩傳統住宅的小島。這裡沒有免稅店、沒有百貨公司、沒有大餐廳，擁有的就是無污染的大自然。這裡為逃離城市來到沖繩的旅客準備了4棟兩層樓的別墅，從客房可以看到海景，附設迷你庭院，從別墅望出的海景，伴隨著海風的吹拂，一瞬間將城市內忙亂的塵囂都吹得一乾二淨，別墅內特有禮賓服務、兒童泳池和洗衣設施，餐點可以預約火鍋套餐或一樓庭院租用BBQ用具，約15分鐘的車程有大賣場可以選購烤肉的食材，如果不想再出門也有準備BBQ用具材料組合餐，預約住宿時可以同時詢問喔！

INFORMATION   🔍 Tripshot villas hamahiga

地址：〒904-2315沖繩縣宇流麻市勝連濱247-5

電話：070-5489-3969

入住退房時間：入住15：00／退房11：00

停車場：有（4輛）

網址：http://hamahiga.tripshot-hotels.com/

中部

讀谷村
嘉手納町

世界遺產 座喜味城遺址

世界遺產 座喜味城跡

World Heritage Zakimi Castle Ruins

沖繩有很多古蹟，座喜味城也是在沖繩歷史中很重要，從歷史來看座喜味城是琉球王國統一之後，為了維護國家安定，名將護佐丸所建的。這城是為了監視違叛國家的勢力，在1420年左右完成的，希望大家仔細看城堡的城壁以及城門的疊石的技巧和石頭搭配，這城的疊石技巧精準度和美感是沖繩裡城堡最優美的。

可以看見當時的石造建築的技巧有多高，我自己慢慢散步看看城壁的小地方，真的是天然立體拼圖！摸摸石頭，感受一下「琉球王國」。

INFORMATION

地址：〒904-0301沖繩縣中頭郡谷村座喜味708-6

電話：098-958-3141

營業時間：24小時

Menu To Go! テイクアウト

・バインミー（チキン or チャーシュー）￥68□
ベトナム風サンドイッチ Chicken or pork

・バインミードリンクセット　￥830

・ハニーフレンチトースト　￥600
オレンジバター風味

・ハニーフレンチトースト　￥750
オレンジバター風味
ドリンクセット（コーヒー or ティー HOT）

・自家製ハニージンジャーエール　￥450

・コーヒー（HOT）

・アールグレーティー（HOT）　　　￥300

・カプチーノ　　　　　　　　　　￥300

・コーヒー（ICE）　　　　　　　　￥350

・オレンジジュース　　　　　　　￥350

・スムージー　　　　　　　　　　￥300
バナナハチミツ豆乳　　　　　　　￥480
海の見えるテラス席でゆっくりしてネ

FROMO 2830

フローモ 2830

這間店不在市區裡，但卻是非常值得去的一家店，這家店的老闆娘很瘋狂，她原本在大型化妝品公司擔任研究開發員，因為先生必須到沖繩工作，她也跟著一起來沖繩，要繼續用她最拿手也最專業的技術，來做可以代表沖繩的保養品，這時候她想到用天然蜂蜜，於是就直接自己做。

蜂蜜既然要自己來做，老闆娘就必須從養蜜蜂開始。這家店是我朋友推薦我的，聽完後我非常興奮，便馬上過去拜訪老闆娘了。她做的保養品是照月亮的週期做的，每一個東西都值得介紹，想多了解可以在粉絲團問我喔！

保養品的右邊空間是小喫茶店，在這裡點水果優格的話，就能吃得到老闆娘親手提煉出來的稀少蜂蜜，他的蜂蜜含多量的B群。我很喜歡吃法國吐司，所以我額外點來吃了，他們的法國吐司，很香也很美味！搭配蜂蜜一口接一口，真的是屬於下午的小確幸！

INFORMATION

地址：〒904-0204沖繩縣中頭郡嘉手納町水釜
476 HOUSE No.7229

電話：098-956-2324

網址：http://www.fromo.jp/map.html

營業時間：週四、五、六 12:00～18:30
週日 12:00～18:00

國頭村
くにがみそん

大宜味村
おおぎみそん

今歸仁村
なきじんそん

東村
ひがしそん

本部町
もとぶちょう

名護市
なごし

宜野座村
ぎのざそん

恩納村
おんなそん

金武町
きんちょう

谷村
そん

宇流麻市
うるまし

沖縄市
おきなわし

北中城村
きたなかぐすくそん

中城村
なかぐすくそん

西原町
にしはらちょう

よなばるちょう

北部
國頭村

沖繩最北端 YUIYUI 國頭休息站

沖繩最北端の道の駅、國頭村観光物産センター「ゆいゆい國頭」

開車兜風不能缺的就是休息站！要享受真正沖繩度假自然浴就要來北部。北部的確不繁榮，卻都是自然景色。有時還能看到山豬等野生動物。

北部的餐廳也不多。這時候的救星就是YUIYUI國頭休息站。非常壯觀的建築物裡，有10家小吃和餐廳，還有為了推廣當地食材，在當地研發的伴手禮。

這裡環境非常舒服。大大的天空，清晰的空氣。可以在這裡吃飯後各自走走看著周圍藍藍綠綠的風景發呆放空。享受不特別做什麼的時間，這也是沖繩旅行程之一。

INFORMATION

地址：〒905-1412沖繩縣國頭郡國頭村字奧間1605
電話：0980-41-5555
傳真：0980-50-1952
營業時間：9：00～18：00
公休日：無
網址：http://www.yuiyui-k.jp/gourmet

YUI 咖啡

くにがみスイーツのお店 Yui Cafe

（店在國頭村休息站內）

這家店位在YUIYUI國頭休息站內，是一間蛋糕咖啡館。小小的空間做出多樣當地知名的甜點！

甜點師傅對點心態度是認真的看待當地的食材，這是我很認同的，國頭村這一帶的環境資源就是食材的寶庫，在自然豐富的環境下採收的蔬果，是做甜點最上好的材料！為了年輕化沖繩本部，鼓勵年輕人回來家鄉，研發使用當地食材來做出超好吃的禮品甜點。

那天我過去咖啡館，邊吃著蕃薯安納芋磅蛋糕邊跟甜點師傅聊天，師傅說了這些甜點都不注入添加物，用天然食材本身的香氣又帶一點溼氣柔和的口感，讓安納芋的天然甜在口中自然散發，絕對是一個很棒的伴手禮。

不過這個「いもがたりIMOGATARI」 只有在國頭村YUIYUI國頭休息站和YUICAFE才有賣喔。

我雖然是石垣島人，但我的祖先也是從這一帶開始發跡，移民到石垣島。希望大家支持農村的努力！

5個入800日圓（未稅）、10個入1350日圓（未稅）。
店在國頭村休息站內。這點心只在這裡買得到喔！

INFORMATION

電話：0980-41-5555
營業時間：11:00～17:00
公休日：無

山原國立公園 大石林山

山原國立公園 大石林山

這地方就是我一直很想去的地方。因為這地方是沖繩本島最北部，對當地人來說有點遠，像從台北去彰化的感覺。往大石林山的路上是海路，可以看見七色海的風景，非常非常美！不過開車要小心。

沖繩本島本部地區是從前叫為『山原（YANBARU）*沖繩方言唸法』，擁有豐富的自然資源，一直以來都是沖繩人的聖地。大石林山就是沖繩的能量景點之一。

全公園都是無障礙設施，小朋友到長輩都很好走，可以全家人來感受一下，自然塑造出來的巨石山和熱帶森林的能量。

公園內有附設小木屋咖啡館，有沖繩冰品讓你放鬆一下。

INFORMATION

地址：〒905-1422沖繩縣國頭郡國頭村宜名真1241

電話：0980-41-8117

營業時間：4月～9月 9:00～17:00（18:00閉園）、10月～3月 9:00～16:00（17:30閉園）

公休日：全年無休

入場費：大人票1200日圓、小孩票 550日圓（4~14歲）、敬老票 550日圓（65歲以上）

交通資訊：

那霸機場／那霸市區：那霸空港入口→明治橋→那霸IC→許田IC→國道58號線→國道58號線→國道329號線→名護東道路→名護bypass→大石林山（2小時15分）

恩納村：國道58號線→國道329號線→名護東道路→名護bypass→大石林山（1小時35分）

沖繩美麗海水族館：本部循環線→縣道248號線→縣道110號線→國道58號線→大石林山（1小時15分）

沖繩最北邊 邊戶岬

沖繩最北端 邊戶岬

CAPE HEDO

沖繩最北邊的觀光景點「邊戶岬」，周圍什麼都沒有，只有很壯觀的岩壁，不規則又狂野的海浪和獨特的海底岩展現出奇幻景色，這是來的人能擁有的絕景，這裡也是個沖繩的能量聖地。

運氣好可以看見外觀藍綠色沖繩代表魚「IRABUTYA鸚嘴魚」，天氣好的話可以看見鹿兒島最南邊的與論島，這裡有無障礙步道，輪椅、嬰兒車都可以行走。

從那霸開車2個半小時，雖然聽起來遠，不過一路上都有便利商店，也有YUIYUI國頭休息站，後半段都是海景，不會感到無聊疲累，能早起的話，可以去看日出！用心靈去接受大自然的洗禮，一定會有深深的感觸。

INFORMATION

地址：〒905-1421沖繩縣國頭村邊戶973-150

電話：0980-41-2101 （國頭村企劃商工觀光課）

交通資訊：

自行開車

下「許田」交流道約85分鐘車程

搭乘巴士

從那霸巴士總站搭客運111號約90分鐘，到名護巴士總站轉搭67號約55分鐘，於邊土名巴士總站下車後轉搭計程車約30分鐘

沖繩 小知識

日本飲食習慣和購物禮儀

任何一個國家或地區都會有自己一套的文化和習慣,沒有誰對誰錯,只是到人家的地方就該入境隨俗,尊重對方的作法和生活方式,才是一個好的觀光客應該有的態度!也跟大家舉例幾個常見的狀況。

1. 餐廳禁帶外食。日本人有使用空間就需要消費的觀念,是為了尊重店家的營業,盡量每一個人都點一杯飲料或餐點。

2. 禁止一邊散步一邊飲食。

3. 餐桌上不能放置骨頭。

4. 排水溝不能丟果皮,更不能丟垃圾。

5. 超市內的生鮮蔬果不能為了確認新鮮度去擠壓,也不能試吃。

6. 不能坐在馬路邊的水泥地人行道吃東西,之前在沖繩親眼看過觀光客這樣的舉動非常不恰當,也很危險。

7. 賣場內禁止飲食,雖然不是絕對,但不要吃比較好。

8. 餐廳內用的東西是不能外帶,其實是因為食品衛生的問題,假如客人保存狀態不佳,食物壞掉進而影響到身體健康。

9. 白色的衣服不能試穿,是擔心穿脫的過程臉部彩妝會沾染到衣服,店家如果另有準備給客人頭套,那就可以試穿。

10. 用餐完畢,沖繩人習慣整理桌面,把碗盤疊起來,垃圾集中在一個地方,地上掉落的垃圾與食物也會稍作清潔。

11. 隨身攜帶塑膠袋把垃圾帶走,或者會放在包包內,回家再分類丟棄,日本街頭會乾淨有它的原因,希望大家一起來做個優質的觀光客吧!

有其他問題,可以到我粉絲頁詢問。

北部
名護市

百年古家 大家

百年古家 うふやー

Ufuya

「大家 UFUYA」是沖繩念法，明治時代後期，明治34年（1901年）建設。在2001年進行修復之後，成為沖繩料理店來繼續受大家的關注，在沖繩的百年古老民宅裡享受沖繩料理是讓人別有感受，他們的推薦就是阿咕豬肉的涮涮鍋，真的無臭味，肉質鮮甜，大家可以去嚐嚐！

還有他們的禮品點心樹齡蛋糕很好吃！一定要配無糖紅茶，才能享受最純樸溫和的香氣，另外"大家"是老闆（安里先生）家的宅號。

Information

地址：〒905-0004沖繩縣名護市中山90

電話：0980-48-3748

營業時間：午餐11:00～17:00（最後點餐16:30）／晚餐18:00～22:00（最後點餐21：00）

公休日：無　尿布台：有

停車：免費停車場

網址：http://ufuya.com/zh-CHT/

交通資訊：

從恩納村的高級飯店區（以Rizzan Sea Park Hotel Tancha Bay為例），約需49分鐘車程

從那霸市區（以國際通為例），約需1小時17分鐘車程

Kijimuna 工房
紅型体験&小物販売　キジムナー工房
Bingata Experience & Accesory Shop Kijimuna Workshop

經過這家琉球傳統藝術「紅型」的工房，我走進去看看，剛好已經有客人在體驗紅型染色做作品。我觀察店員與店內的紅型作品，都感覺很舒服，畫風是我覺得看了那麼多紅型裡，構圖最溫柔，因為顏色鮮艷卻不會很強勢。這家紅型工房的師傅是對沖繩很有感情的夫妻，他們得了沖繩病，放下一切來到沖繩，在這保留廣大自然的沖繩北部，讓來到沖繩的各式各樣各地的觀光客親自體驗沖繩琉球傳統藝術，從紅型開始接觸沖繩歷史。

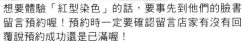

想要體驗「紅型染色」的話，要事先到他們的臉書留言預約喔！預約時一定要確認留言店家有沒有回覆說預約成功還是已滿喔！

INFORMATION　🔍 臉書搜尋：紅型キジムナー工房・自然体験モンパの木

地址：〒905-006沖繩縣名護市宇茂佐178
電話&傳真：0980-54-0701
營業時間：10:00～17:00
公休日：不定期

135

名護鳳梨樂園

名護パインパーク OKINAWA

Nago Pineapple Park

鳳梨是沖繩名產之一，在名護鳳梨樂園裡一次可以看見100種鳳梨的成長過程，也可以看到不能吃的鳳梨，看這麼多種鳳梨之後一定讓你大開眼界，園區裡有「鳳梨自動車」讓你輕輕鬆鬆繞一圈，下雨天也沒問題！樂園裡面有餐廳、名產廣場，不管試喝還是試吃都有！

INFORMATION

地址：〒905-0005沖繩縣名護市為又1195
電話：0980-53-3659
營業時間：9:00～18:00
公休日：全年無休
門票：大人、高中以上850日圓／國中600日圓
　　　小孩、小學生450日圓／未滿小學免費
＊如果趕時間可以速速逛一圈！大約40分鐘

巴塞納露臺飯店
ザ・ブセナテラス
The Busena Terrace

進入門口穿越大廳，就可從開放式的落地窗看見藍海，讓我忘了自己是本地人，整個人瞬間變成來度假的貴婦！入住手續就在大廳辦理，到了這裡，他們的「OMOTENASHI（迎賓服務）」就已經開始。

到了房間，馬上被吸引到窗戶邊去，因為窗外的景色實在是太美了，就像是一副畫，看到這景色，你的眼睛就開始悠閒度假了。到了吃飯時間，我在這裡選擇中式餐廳，因為說真的雖然在當地就要吃當地的料理，但我天天三餐都吃沖繩料理，很想念中華口味呀！到了餐廳，非常開心有會說中文的服務員為我們服務，用中文點菜跟閒聊，同時上桌的每一道菜都精緻美味，他們的麻婆豆腐好強！我要在這裡跟大家說，日本的中國菜也很厲害很好吃喔！來巴塞納露臺飯店可以試吃看看中國菜喔！

有一個住房小技巧，入住時間挑太陽下山的時間，你就可以看到漂亮的夕陽，你就知道沖繩的天空不只是青，沖繩的海不只是藍，那個唯美的畫面，可以讓你一生收藏！

INFORMATION

🔍 the busena terrace沖繩

地址：〒905-0026沖繩縣名護市喜瀨1808
電話：0980-51-1333
傳真：0980-51-1331
入住退房時間：入住14:00 / 退房11:00

沖繩 YUGAF INN 飯店

ゆがふいん おきなわ

Hotel Yugaf Inn Okinawa

從大窗戶能看見大海，這是那霸沒有的風景。地點在從那霸往美麗海水族館的途中，離水族館很近。這飯店非常注重家族旅客，為了有帶小朋友的家族準備了簡單乾淨的客房。在這裡可以好好享受慢活時光！

INFORMATION

地址：〒905-0011沖繩縣名護市宮里453-1

電話：0980-53-0031

網址：http://www.yugaf.com

交通資訊：

從國道332號線→那霸交流道→沖繩自動車道→許田交流道→途經國道58號線

餐廳心彩身（しんさいしん）

晚餐時刻請享用飯店自信推薦的中華料理。請別說來沖繩還吃中國料理。日本的中國料理是跟真的在中國吃的不同。味道非常溫和，說很辣的都微辣，每一道菜都像日本料理精緻。他們食材也是希望小朋友到長輩都安心用餐，儘挑當季新鮮食材，讓大家美味也當沖繩的回憶帶回家！

有50種菜色，點餐方式是吃到飽。每一道菜我都安心吃！很好吃！

晚餐時間：18:00～21:00
費用：大人2,500日圓／小孩：（6～12歲）1,500日圓／幼兒：（4～5歲）500日圓
＊含服務費，不含稅

ORION 啤酒快樂樂園酒廠

オリオンビール ハッピーパーク 名護工場

Orion Beer Happy Park

喜歡喝啤酒的朋友們，可以來這裡參觀啤酒製作過程，最後可以試喝兩杯喔！不喝酒的朋友也可以喝他們的古早汽水！雖然是啤酒廠，不過很適合全家人來走走，設施內還有附設餐廳。

參觀是免費的！可以來這裡參觀瞭解沖繩代表啤酒，也可以讓駕駛走走休息一下，如果肚子餓，在這可以吃個飯，ORION 啤酒是沖繩代表，適合沖繩的天氣，沒喝過的朋友，可以嚐嚐看！很清爽。

INFORMATION

地址：〒905-0021沖繩縣名護市東江2-2-1
電話：098-054-4103
營業時間：9:00～17：30
工廠參觀時間：9:20～16:40
公休日：無（12月31日～1月3日年假暫停營業）
停車場：有

沖繩 小知識

百年榕樹（リリーガジュマル）

榕樹是沖繩代表樹，沖繩到處都有，在前面也提過，沖繩的小精靈 Kijimuna 住在榕樹，也代表福氣，不過因為沖繩有經歷過沖繩戰，百年榕樹已經沒有多少了，我在義式冰淇淋咖啡館 Lily 庭院發現很壯觀的榕樹，靜靜的且深深抓住大地，不知道它在這裡看了多少故事，我希望大家往北部時來這裡，看看沖繩的老前輩，感受一下偉大的生命。

地址：〒905-0007沖繩縣名護市屋部918

北部

今歸仁村

哎哎農場
あいあいファーム

「來住小學！」是一間把廢校改裝成貼近自然全方位的場所，原本的教室變溫馨住宿空間、餐廳、手工自做體驗區。

設施的規格就是沖繩鄉下的學校，空間都很大，整天可以在大大的運動場上走走跑跑。晚上還可以看滿天星斗，設施內還有養羊，可以餵牠們吃草。羊的家旁邊就是雞屋，在這裡住宿的朋友，早上想吃雞蛋的話，要自己來雞屋拿雞蛋，再拿去餐廳，請廚師幫你烹煮！可以吃到非常新鮮的雞蛋呦！

在這農場裡面有在製作手工島豆腐販售，還有很多當地的農家的商品。店裡面的冰淇淋也是都用沖繩的食材去製作的！可以嘗試你沒有吃過的口味，展開你的眼界！體驗新的東西，這也是添增旅遊的趣味吧！

手做體驗

沖繩島豆腐、香腸、披薩等有天天不同的手做體驗可以來試試。採訪當天是沖繩島豆腐，自己做自己吃真的很有趣，可以讓小朋友認識東西的製作過程，也讓他們學習，雖然用錢買很簡單，不過每一個東西都有人辛辛苦苦製作。季節不同也有一些變動，訂房前可以到「哎哎農場/あいあいファーム」搜尋行程表喔！

INFORMATION　🔍哎哎農場／あいあいファーム（日文輸入法後打「aiaifa-mu」就會出現日文喔！）

地址：〒905-0412沖繩縣國頭郡今歸仁村湧川369
電話：0980-51-5111
傳真：0980-51-5112
入住退房時間：入住15:00～21:00／退房10:00
公休日：每周三（休息日正常營業）
停車場：有（80輛）
網址：http://happy-aiaifarm.com/
體驗費用：1800（不含稅）※團體另優惠
體驗時間：上午場 10：00／下午場 13：30
＊天天不同手作體驗，可以先上官網查詢。

世界遺產 今歸仁城

世界遺産　今帰仁城

World Heritage Nakijin Castle Ruins

日本城郭協会選定認定的「日本100名城」之一。在1972年（昭和47）升格為國定古蹟，在2000年（平成12）時跟著首里城跡等等的古蹟，以琉球王國的關聯遺產群，被登記在國際聯合教育科技文化機構。大家可以去走走感受一下琉球王國的時代背景，我希望大家仔細看的是他們堆石頭的狂野蓋法，這裡還有英雄傳說，有興趣的可以好好探討，琉球王國還分北山、中山、南山，各地有王的時候的時代。

INFORMATION

地址：〒905-0428沖繩縣國頭郡今歸仁村字今泊
5101番地

電話：0980-56-4406

營業時間：8:00～18:00

公休日：全年無休

信箱：manabukai@nakijingusuku.com

山原食堂 KUNI

山原食堂ＫＵＮＩ

KUNI restaurant

在沖繩北部南洋風的小時尚食堂，這家也是當地朋友介紹的，不過這一帶沒什麼餐廳，所以餓到不行的旅客一定會被吸引過去。

我相信因為周圍沒店家，也身在一路大自然當中，被吸引的旅客都覺得有東西吃就好的心態，但一吃到這家菜，我想大家都會想跪下來拜師傅，記得一定要點他們的叉燒！美味到極點，其他餐點都很精緻，讓你沒空聊天趕快夾菜拼命吃，老闆就是師傅，他盡量都用當地食材，變出中式料理、南洋風料理及日式料理。

這家店晚上是居酒屋，當然餐點沒變可以吃飯吃麵！日本沖繩人都有天天都有小酌的習慣，所以這家也對當地居民來講也很重要的地方，我也是後來才知道當地朋友跟店老闆是朋友，就叫他過來一起小酌了！大家跑沖繩北部也不用擔心，來這家吃就對了!天天吃沖繩料理吃膩的朋友也非常適合來這家換換口味，享受另一種沖繩！這裡晚上周圍很暗，還可以看星星！

INFORMATION

地址：〒905-0415沖繩縣國頭郡今婦仁村字玉城157

電話：050-5589-7800

營業時間：11:00～15:00（最後點餐14:30）

18:00～21:00（最後點餐20:30）

公休日：週日

古宇利大橋

こうり大橋

Kouri Bridge

古宇利大橋目前為沖繩第二大的離島連結大橋。早期古宇利島是僅能靠船才能到達的地方，而這座古宇利大橋的誕生讓島嶼和沖繩間的距離感更近了，也讓旅客方便前往遊覽島上的風光。橋的入口處有停車場可供民眾停車後，用步行的方式欣賞橋邊的景色，橋墩旁的平台望出的景色也是非常的迷人，如果來到沖繩有打算自駕旅遊，古宇利大橋一定是你必選的項目之一，提醒為了安全，切勿在路邊停車欣賞或下車步行！

INFORMATION

古宇利大橋，日本橋梁，位於日本沖繩縣，為沖繩縣道247號古宇利屋我地線的終點，連結位於國頭郡今歸仁村的古宇利島，與名護市的屋我地島

古宇利海洋塔

古宇利オーシャンタワー
Kouri Ocean Tower

古宇利島上的天望塔「Ocean Tower」，我去的時候剛好搭了愛心電動車上去。先到宇利海洋塔一樓，參觀貝殼博物館和古宇利島的資料館，途中看見賣泡芙和夾心可頌，愛吃的我當然不能不買。到了最上面，看見的海景，看見的整個古宇利島，感覺心靈都開放了。

回程時，一定會經過伴手禮賣場，我們大家都拿到一個完整的南瓜點心，一吃完大家回頭買很多盒，真的好吃！記得拿試吃！

INFORMATION

地址：〒905-0406沖繩縣國頭郡今歸仁村古宇利538番地

電話：0980-56-1616

傳真：0980-56-1619

營業時間：9:00～18:00（最終入園17:30）

公休日：全年無休（颱風等天候不佳時可能臨時歇業）

愛心石心型礁岩

ハートロックティーヌ

Heart Rock

在古宇利島的大橋的另外一邊的景點，是很大看得出來愛心型的礁岩。我認為這個地方沒有愛心礁岩也值得去，這裡的沙灘不像給人戲水的海水浴場，退潮時浮現原本在海底的礁岩凹槽。有些凹槽有一米深，在清透的水裡看得見很多小生物！帶小朋友來的一個好地方！可以直接在大海的生態，在這裡待一個小時都不會覺得久。記得帶水戴帽子，擦防曬。腳也要穿止滑、泡水也沒關係的鞋子喔！我們攝影師因為穿皮鞋滑倒，結果相機泡水。

INFORMATION

地址：〒905-0406沖繩縣國頭郡
　　　今歸仁村古宇利

停車場：有（100~300日圓）

161

記得垃圾要帶走喔！

秘境 TOKEI 沙灘

トケイ浜

Tokei Hama

古宇利島上愛心型礁岩再過去一點的地方，完全看不出來旁邊有那麼多觀光客的觀光景點，這白沙灘一直都沒什麼人。的確，這裡沒有完整的設施，只有夏季會在沙灘對面的停車場，因為那邊會有付費淋浴間。

停車場是免費的，這沙灘就是我不想告訴大家的秘境之一。帶水、戴草帽，可以過去走走！

INFORMATION　🔍 地圖搜尋：日文輸入法「TOKEI HAMA」

地址：〒905-0406沖繩縣國頭郡今歸仁村古宇利2805

電話：0980-56-2256（今歸仁村役場經濟課商工觀光）

公休日：全年無休　停車場：有（5輛）

交通資訊：

自行開車

下「許田」交流道約37分鐘車程

搭乘巴士

從那霸巴士總站搭客運111號約90分鐘，到「名護」巴士總站下車後轉搭計程車約25分鐘

從那霸巴士總站搭20、120號約140分鐘，到「名護」巴士總站下車後轉搭計程車約25分鐘

SO-RE 休息站

今帰仁の駅　そーれ

今歸仁村的休息站。原本是當地的在種農產物的主婦們，想要把好好珍惜當地種出來的農產物，加工販賣才成立賣場的。

12位女性以「只靠女人創業！女人也可以！」為口號，開了當地農產物的販賣處、加工設施及餐廳。這12位女士原本是村莊的生活改善團體的團員。我覺得留在村莊，為村莊的活性化，利用當地的東西來努力，是一個值得支持鼓勵的事情。

休息站名「そーれSO-RE」是從沖繩方言的

めんそーれ（いらっしゃいませ），歡迎光臨

ゆくいそーれ（休んでください），請休息

うさがみそーれ（召し上がってください），請享用

這些招待人，關心他人的詞來的。

雖然不是華麗的休息站，東西也不是說用高級包裝。不過這裡賣的東西就是乾淨的空氣，乾淨的水，當地人用心種出來的食材來加工的特產品。我在這裡買了鬼針草蜂蜜。現在鬼針草蜂蜜成份報告有出來，對身體非常好。還有，鐵芒萁編織的籃子也是日本由名的沖繩民藝品。現在已經沒有幾個人在做了。歡迎大家來休息，順便看看當地產品！

INFORMATION

地址：〒905-0415沖繩縣國頭郡今歸仁村字玉城157

電話：0980-56-4940

營業時間：10:00～18:00

公休日：週一

沖繩 小知識

沖繩傳說通靈 -YUTA（ユタ）

在沖繩古代就有叫做「YUTA」的民間的通靈，其實日本各地都有，叫法不同而已，大致上任務差不多，而且幾乎都是女生擔任這角色。

沖繩的 YUTA 的任務非常多，要跟死者通信外，關於土地的靈異事情等諮詢、算運氣、事業、命名、升學、工作、結婚問題等家庭內的小事、大事都是 YUTA 的任務內，給困惑的人一些建議或方向。

現在不只是沖繩人，日本各地相信通靈的人會靠口碑來到沖繩。詢問 YUTA 的行為叫做「買判斷」。YUTA 很有趣的地方是每一個 YUTA 都說他不是喜歡才做 YUTA，他們都是認為這就是他的命。

成為『YUTA』的人，是突然有一天開始精神不穩定、行為怪怪、講一些怪怪的話或突然聽到一些句詞，這就是成為 YUTA 的過程。當然，不是所有沖繩人都相信 YUTA，不過遇到困難不安時，問問 YUTA 來求安心，是種心靈的舒壓。

很久以前，政府禁止 YUTA 這樣的通靈行為，不過到今天還是存在著，這表示人民還是需要心靈的依靠，這也是沖繩文化之一。大家在觀光沖繩時，有機會可以走走小巷子跟住宅區，找找「判斷」的看板，這就是沖繩通靈師「YUTA」所在位置。

北部

本部町

馬海納度假酒店
ホテルマハイナ　ウェルネスリゾートオキナワ
Hotel Mahaina Wellness Resort Okinawa

沖繩馬海納健康度假酒店在美麗海水族館附近，擁有廣大優雅的大廳，是可以輕鬆入住的好地方。房間很乾淨，可以看到海，很舒適，家族房的床位非常寬敞，可以像在家一樣好好休息，還有大浴場，能夠讓你玩累的身體回復元氣！

天氣好的時候，晚上可以坐在游泳池旁邊的戶外位子，享受大廳酒吧的特調雞尾酒。

INFORMATION http://www.mahaina.co.jp

地址：〒905-0205沖繩縣本部町山川1456

電話：0980-51-7700

入住退房時間：入住 15:00 / 退房 11:00

停車場：有

餐廳營業時間：**麻森自助餐廳** 早餐 7:00～10:00　晚餐18:00～22:00

　　　　　　　泉河Shinka 18:00～22:00（最後點餐 21:00、鐵板燒最後點餐 20:00）

　　　　　　　完全預約制（2位起），當天18:00之前必須預約

麻森自助餐廳
Marsen Buffet Restaurant

使用當地食材的自助餐廳，展現南國的氣氛，師傅會在你眼前做料理秀，天氣不錯時戶外區是絕佳的位子！

泉河Shinka

鐵板燒。嚴選當地的食材，帶給你一年四季的沖繩北部山原（yanbaru）的料理。這地區新鮮蔬菜非常有名，還有當地的和牛「もとぶ牛（MOTOBU牛）」。這牛在台灣很難吃得到，所以來到沖繩必吃！「もとぶ牛（MOTOBU牛）」是單一飼料，跟別縣的牛不一樣，記得事先預約！

餐廳岬
レストラン岬

每天中午都是當地居民的食堂，也是當地居民聚餐的場所，可以招待從遠方來的客人的地方，這就是『餐廳岬』。

他們拿手的是魚料理，所以沒有大推沖繩麵，但吃過他們沖繩麵的人都說是讓人難忘的美味，主要他的麵條麵粉的香氣很強烈，湯頭也是有柴魚和豬肉的層次感，不會鹹，很清爽！

他們只有中午對外營業，在榻榻米的位子上吃沖繩料理，很有情調。

INFORMATION

地址：〒905-0207沖繩縣國頭郡本部町備瀨567
電話：0980-48-3253
營業時間：11:30～15:00
公休日：第二週和第四週的禮拜二
停車場：10台

沖繩美麗海水族館

沖繩美ら海水族館

Okinawa Churaumi Aquarium

如果你第一次來沖繩，那美麗海水族館一定是必去的地方。

位於海洋博公園內，其中最有名的就是世界第二大的水族箱「黑潮之海」觀景區位於二樓。命名為黑潮之海是因為孕育著習慣生活於黑潮暖流的海洋生物在水族箱內，各式的熱帶魚類、悠閒的海龜、最注目的鯨鯊和蝠魟是全場的焦點，三樓是最先實現開放式大規模養育系統「珊瑚之海」的水族館。

四樓為大型魚池可供民眾參觀，戶外會有海豚表演也令人驚艷。當逛完後可以到一樓的商品區選購紀念商品回台灣送朋友也送自己一個回憶，就是被海洋包圍著沖繩才能有這樣很豐富的海洋生物和環境！來到沖繩一定要列入行程內親自去體驗！

INFORMATION 🔍 Okinawa Churaumi Aquarium

地址：〒905-0206沖繩縣國頭郡本部町字石川424

電話：0980-48-3748

營業時間：10月1日～2月28日（29日）8:30～18:30
　　　　　3月1日～9月30日 8:30～20:00

公休日：12月的第一星期三和星期四

入場費：大人1850日圓／高校生1230日圓 （可刷卡）
　　　　小學生、國中生：610日圓（6歲未滿免費）

交通資訊：從沖繩自動車道許田IC進入國道58、449號
　　　　　縣道114號往本部方面行車27km

店裡還有賣沖繩珊瑚做的手環。
偷偷告訴大家，這是學長的學弟
做的，所以這邊買最便宜！

備瀬的塩煎餅
慶 YOROKOBI
備瀬の塩せんべい慶 YOROKOBI

來自石垣島的大學長開的店，我們約好時間採訪，時間快到了我就打電話過去說我們要過去採訪了，結果學長說：「那你們自己去吧！店沒鎖門，你們自己進去，店裡的鹽煎餅想吃就吃，想帶走就帶走。想要多少拿去吧！我還在田裡，現在過不去。」聽完之後，突然讓我感覺回到我家鄉我的村莊，對！我家也不會鎖門，所以常常下課回到家，一開門玄關大廳看見堆了一堆菜，鄉村就是這麼的和平。

我們還是等學長回來，最後他送我們一堆鹽煎餅，讓我們移動過程中很幸福！他們家的鹽煎餅是一片一片手工做的，所以形狀會不整齊，味道香氣口感都是『餅不可貌相』，吃了就知道。

INFORMATION 🔍 臉書搜尋：備瀬の塩せんべい

地址：〒905-0207沖繩縣國頭村郡本部町備瀬446
電話：沒有
營業時間：週一到週日11:00～19:00
公休日：不固定

沖繩秘境無期封閉
備瀨的 WARUMI
備瀨のワルミ（ワリーバンタ）

這地方讓人有一種心靈淨化的感覺，村民把這區很用心保持整齊乾淨，也有很多新人在沖繩北部拍婚紗照，在這地方有一個秘境，就叫~備瀨的WARUMI/備瀨のワルミ（ワリーバンタ），WARUMI（ワルミ）是裂開的部分，BANTA（バンタ）崖，就是一線天，是一個沖繩的聖地，當地人會來拜拜的地方。要到這地方會經過備瀨福木林道（備瀨フクギ並木），這地方是住宅區，來這裡的觀光客漸漸變多，天天都看到亂停車或亂丟垃圾，甚至把車停到民宅庭院，民眾也訴苦說有些觀光客以及攝影人士甚至要求民眾把曬在外面的衣服收起來，嚴重干擾到當地居民的生活。

導致備瀨的WARUMI在2017年7月14日被土地所有人無期限封閉了，這裡一直以來是當作神住的地方，很被沖繩人珍惜，主要是因為觀光客亂丟垃圾，居民天天撿垃圾，無法改善狀況才直接封閉。現在當地觀光協會在跟居民協調，只要觀光客守規矩，不要打擾居民生活，保持乾淨就可以，其實尊重當地人在世界各國都是一樣的事情，只要你願意將垃圾拿到車上，便利商店，飯店再丟就行！

讓我們一起做有愛心有風度的觀光客吧！

備瀬福木林道

備瀬フクギ並木

Bise Fukugi Tree Road

備瀬福木林道在從美麗海水族館開車5分鐘的沿海邊，福木是為了防止海風、颱風來保護村莊，林道裡有超過300年的老樹，經過了各種事情，一直靜靜地守護當地居民。福木林道裡有咖啡館，也可以吃飯，可以慢慢散步， 還能騎腳踏車，走在這裡感覺會被淨化，真的很舒服，如果你傍晚到或許可以看見夕陽。

不過請大家記得，這裡是當地居民生活的村莊，庭院有曬衣服，有私人東西，拍照時請小心，別打擾到居民，垃圾也都請自行帶走喔！拜託大家！

INFORMATION

地址：〒905-0207 沖繩縣國頭郡本部町備瀬457

電話：0980-48-2371（備瀬區事務所）、0980-47-2700（本部町企劃商工觀光課）

停車場：有

交通資訊：那霸機場經沖繩高速公路「許田」IC交流道下，沿著58號線前往，約車程1小時50分鐘

瀨底海灘海洋俱樂部

瀨底ビーチマリンクラブ

Sesoko Beach Marine Club

接近美麗海水族館的海上海中活動店，店裡有來自台灣和香港的員工為大家服務，這一帶的海域非常清透，很多熱帶魚以及珊瑚，海流不快非常安全，語言也通，環境很好，所以非常適合沒玩過海上活動的朋友們，教練會全程陪同，項目有很多，如果怕水的朋友，報浮潛浮在水上餵魚也可以。

水中散步／シーウォーカー

就是字面上直接的意思，我們可以在海底很輕鬆地呼吸、咳嗽、打噴嚏、講話、大笑都沒問題，因為我們會帶一個照片裡那樣像太空人戴的頭罩，這頭罩有30公斤，所以你就可以輕鬆的在海底「走路」，感覺很特別，值得嘗試！

INFORMATION ○ sesoko.beach.marin.club （私訊留言預約）

地址：〒905-0225沖繩縣國頭郡本部町崎本部4755-1

電話：0980-47-7433

傳真：0980-47-7434

營業時間：臉書詢問或電話詢問

公休日：全年無休

語言：日文、中文、台語、廣東話、英文

水上摩托車／ジェットスキー

可以享受速度感和無法預期的海浪，沒有路的海上隨心所欲的飆，客人都是坐後面，由海洋俱樂部的工作人員騎車帶你水上旅遊！

北部

恩納村

真榮田微風

マエダ ブリーズ

Maeda Breeze

這家美式早午餐店是一對熱愛騎車的夫妻所經營，店裡各式各樣的甜點是老闆娘親手做的，口味深受大家的喜愛，老闆娘的甜點也成了店裡招牌。而老闆是一位美中混血，從早午餐到蛋糕的製作，都是由先生跟太太討論融合了美式風格，保證美國味！行經沖繩北部時，不妨先到恩納村享受早午餐的慢活時光再出發喔！

INFORMATION ⌕ Morning cafe Maeda Breeze（マエダ ブリーズ）

地址：〒904-041沖繩縣國頭郡恩納村真榮田1430-12

電話：098-989-8099

營業時間：8:00～16:00

休息日：週二、週三

停車場：有

席位：24席

太陽碼頭喜來登度假酒店

シェラトンサンマリーナリゾート

Sheraton Okinawa Sunmarina Resort

沖繩島太陽碼頭喜來登度假酒店，位於沖繩北部，一到大廳會以為來到海洋公園。2016年重新裝潢，房間都有面海陽台，在房間就可以享受到沖繩的大海與白沙灘，而且這家飯店是沖繩唯一有附設海灘，一出來可以玩各式各樣的水上活動。2017年新開幕了室內游泳池、大浴池、個人池，還有SPA館。在這裡玩一整天也不夠！可以連住3天好好享受飯店設備。

INFORMATION   🔍 Sheraton Okinawa SunMarina Resort

地址：〒904-0494沖繩縣國頭郡恩納村字富著66-1
電話：098-965-2222
傳真：098-965-5480
入住退房時間：入住 15:00／退房 12:00
停車場：有（一個晚上500圓日幣）
＊客房和大廳可以連免費網路。

碳烤The Grill / グリル
場所：餐廳棟 一樓　　電話：098-965-2497
營業時間：18:00～22:00（最後入場時間21：30）
席位：228席

空中飛人滑索
營業時間：全年無休9:00～18:00（最後入場時間17:00）
費用：800日圓～2000日圓（未稅）
電話：098-965-5979

海星沙灘咖啡
電話：098-965-2497
營業時間：11:00～17:00（依季節調整營業時間）
席位：15席

飯店裡的餐廳也讓人覺得想要多住幾天，一樓自助餐廳有20種散壽司的料可以自己配料，生鮪魚、生鮭魚、鮭魚卵想吃多少就吃多少！還有兒童自助區，讓小朋友試試自己夾自己想吃的。

這裡的步道我很推薦，吹著海風感受一下沒有被時間綁住的感覺，一個人走或跟重要的人邊走邊談心都可以，讓小朋友自己走，爸爸媽媽在後面慢慢走，回想一下情侶談戀愛時候，真的很舒服！

碳烤The Grill / グリル

可以看著海景享用晚餐的碳烤餐廳，還可以看著慢慢躲去水平線的夕陽。這家飯店裡的餐廳堅持就是自產自銷，找出沖繩各地的新鮮食材，搭配師傅們的下廚技術秀，一天的最後一刻也讓你享受沖繩度假的氣氛！

空中飛人滑索／ジップライン

到這飯店一定要玩的娛樂設施就是這「空中飛人滑索」。爬上飯店外的高塔穿好裝備，四肢懸空直接滑下去，中間跨海時的風景真的很美！真的很過癮！

海星沙灘咖啡/スターフィッシュビーチカフェ
Starfish Beach Café

玩累了就來喝一杯冰涼飲料，吃一些輕食！我在戶外的咖啡簡餐店吃鳳梨聖代冰淇淋，除了好吃之外還是可以拍照留念的好東西！

望海民宿 恩納村

トラベルエッセンス恩納村

Travel Essence onna-son

這家民宿在獨棟建築的二樓，一樓原本是鐵板牛排館，邊扛旅行箱爬樓梯是累了一點點，不過幾秒鐘的辛苦後看到大玄關，很溫馨的裝潢就很像回到家，整個人整個心都放鬆又興奮起來了。

住民宿的優點就是自由自在，沖繩的民宿都是木板跟榻榻米，所以整個赤腳走來走去想躺就躺，即使滾來滾去也是一種舒壓。可以到當地的超市買一些新鮮食材，自己做自己想吃的也不錯！

這家老闆在其他地方也有民宿喔！

那霸市牧志

那霸市若狹

那霸市ROYALSTAR久茂地

中頭郡北中城村美崎

1-361 Misaki Kitanakagusuku-Son
Blue Ocean A

沖繩 小知識

爬龍 / 爬竜（ハーリー）

爬龍 / 爬竜（ハーリー）就是台灣的龍舟，在沖繩已經有600年的歷史，每一年農曆5月4日開始到8月的期間，在沖繩各地都會舉辦爬龍競賽，祈禱航海安全、豐收。現在很多爬龍競賽配合觀光，在那霸的爬龍競賽會在每一年日本的黃金週舉辦，地點在那霸市港町的那霸新港埠頭，有時間可以去看看，像我這次全程去看的是名護的「名護爬龍競賽」。

目前已經有40年的歷史，最近看見很多台灣朋友來沖繩觀光，主辦單位理事長說希望可以跟台灣朋友們透過爬龍競賽交流，我也認為這是一個很好的文化交流，其實爬龍競賽台灣也有而且規模更大，不過，在這小小的沖繩裡面，大家一直很珍惜很久以前傳來的爬龍文化這習俗，透過相同的歷史文化了解彼此的生活文化，我認為這想法可以運用在很多方面。

想參加的朋友，可以到我粉絲頁詢問。

🔍 梨梨亞日本甜心女孩

北部

宜野座村
金武町

日本對蝦專賣餐廳 球屋
車海老專門レストラン 球屋TAMAYA
Prawns restaurant Tamaya

當地很多吃貨朋友大推的日本對蝦專賣餐廳。我本人愛釣蝦當然也愛吃蝦，所以這家店再遠也非去不可。這家餐廳其實本業是經營日本對蝦養殖場，銷日本全國。好奇寶寶的我請老闆讓我看養殖場，我親眼看見它們成長的環境，我保證他們的日本對蝦是最高等級的。到了用餐位子，服務員先端出我等等要吃的活生生的日本對蝦。生吃、油炸、鹽烤，一整個日本對蝦套餐讓我笑得合不攏嘴。連不愛吃蝦的攝影師吃了生蝦，連眼睛都亮了。我非常推薦大家到這裡生吃日本對蝦！吃生蝦有不好的回憶的朋友，請來這裡重建你對蝦的味道吧！想要訂位可以寫信給他們，記得訂位就要守時間，一定要去喔！

INFORMATION 🔍 宜野座養殖場 車えびレストラン球屋

地址：〒904-1302沖繩縣國頭郡宜野座村字宜野座1008番地

電話：098-968-4435

營業時間：11:30～21:00（最後點餐20:00）

公休日：週二

信箱：tamaya@ginozaab.com

交通資訊：

走沖繩自東車道，下宜野座IC，3分鐘就可以到。因為餐廳在養殖場旁邊，所以店家位子不在馬路邊，要走進巷子，記得導航喔！

國王塔可飯

キングタコス

KING TACOS

「金武」這個地方是美國風味濃厚的地方，周圍有很多以前的美軍軍人家庭的宿舍，這附近有一家老舊雜貨店的奶奶也會講英文。主題回到這家「KING TACOS」，這家就是沖繩縣民食塔可飯的元祖，簡單一句，好吃！我非常推薦大家點「塔可飯起司生菜/タコライスチーズ野菜」這道食物，飯上面有特製塔可肉醬、起司、生菜，如果只跟店員說「塔可飯」，他會真的只給你飯上面淋肉醬，這樣非常寂寞，沒有真正的美味。

莎莎醬會額外給，如果想要多一點的話，點餐時直接跟店員說，他們會直接淋在上面，這是他們的規定。

梨梨亞手指日文 👆

中文 我要塔可飯起司生菜	日文 タコライスチーズ野菜をください
中文 我想要淋多一點莎莎醬	日文 サルサソースを多めにかけてください

INFORMATION

地址：〒904-1201沖繩縣國頭群金武町字金武
4244-4

電話：090-1947-1684（無法事前預約）

營業時間：10:30〜24:00
（店內僅開放到22:30）

公休日：全年無休

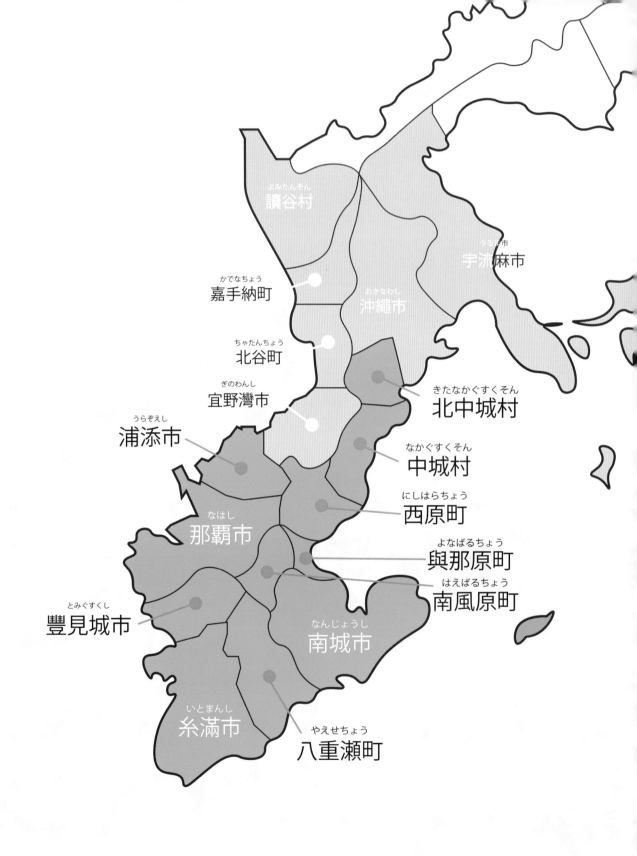

讀谷村
<ruby>讀谷村<rt>よみたんそん</rt></ruby>

<ruby>嘉手納町<rt>かでなちょう</rt></ruby>

<ruby>北谷町<rt>ちゃたんちょう</rt></ruby>

<ruby>宜野灣市<rt>ぎのわんし</rt></ruby>

<ruby>浦添市<rt>うらぞえし</rt></ruby>

<ruby>沖繩市<rt>おきなわし</rt></ruby>

<ruby>宇流麻市<rt>うるまし</rt></ruby>

<ruby>北中城村<rt>きたなかぐすくそん</rt></ruby>

<ruby>中城村<rt>なかぐすくそん</rt></ruby>

<ruby>西原町<rt>にしはらちょう</rt></ruby>

<ruby>那覇市<rt>なはし</rt></ruby>

<ruby>與那原町<rt>よなばるちょう</rt></ruby>

<ruby>南風原町<rt>はえばるちょう</rt></ruby>

<ruby>豐見城市<rt>とみぐすくし</rt></ruby>

<ruby>南城市<rt>なんじょうし</rt></ruby>

<ruby>糸滿市<rt>いとまんし</rt></ruby>

<ruby>八重瀬町<rt>やえせちょう</rt></ruby>

南部

浦添市

琉球茶道福福茶
琉球茶道ぶくぶく茶

琉球茶道「福福茶」有一陣子幾乎消失過，現在有熱心當地人想把正統的琉球茶道復刻來，推廣到這一代的沖繩人以及世界各國的朋友。

我們是被茶道師傅田中女士邀請去他們舉辦的琉球茶道福福茶國際交流會，剛好認識的福福茶老師的老師就是田中師傅，已經80多歲的田中師傅為了傳承琉球茶道到世界各地，也會用英文介紹福福茶，很有氣質也非常可愛，他也到過台灣茶道交流，大家可以安排一下體驗琉球靜態活動！

INFORMATION 　🔍 梨梨亞日本甜心女孩（教室換新中，最新消息請到我粉絲頁查詢。）

地址：〒901-2114沖繩縣浦添市安波茶3-8-6
定休日：不定休（需事前聯絡諮詢）

BLUE SEAL
美式沖繩冰淇淋
ブルーシール

我們沖繩人說到冰淇淋就會想到這家，BLUE SEAL是美國出生沖繩長大的冰淇淋店，所以到沖繩一定要吃BLUE SEAL的冰淇淋。我這次去的牧港本店是BLUE SEAL的第一家店。自1963年起，已經超過50年的歷史，沖繩以前是美國統治，1972年5月14日才結束統治，所以店裡是以懷舊時代的沖繩美式風格為主題，讓人在復古美式空間裡享受1970年代的復古時尚的餐桌等設施裝潢，可在這好好品嚐冰淇淋的美味，我在現場也看到60歲左右的當地男士們在邊吃冰淇淋聊天，我想這是他們從小吃的回憶吧！還會有年紀比較大的夫婦結伴來或男性獨自前來，我們沖繩人來看這些都是常常看見的，BLUE SEAL ICE PARK就在沿著國道58號線，可以看見很亮眼的大大冰淇淋造型霓虹店招牌。

INFORMATION

地址：〒901-2610沖繩縣浦添市牧港5-5-6（牧港總店）
營業時間：週日-週四：9:00～24:00、週五-週六：9:00～25:00
公休日：全年營業
停車場：有（免費50台）

BLUE SEAL ICE PARK

ブルーシールアイスパーク

BLUE SEAL牧港本店右半部就是BLUE SEAL ICE PARK，在這裡可以體驗製作冰淇淋，也有冰淇淋歷史展示櫃，有一個很好玩值得體驗的是 「-20度的世界」，詳細可以到官方網站查詢預約！

INFORMATION

地址：〒901-2610沖繩縣浦添市牧港5-5-6 （牧港總店）

營業時間：週日-週四：10:00～21:00

體驗時間：10:30、14:00、16:00、18:00、20:00

電話：098-988-4535

網址：http://icepark.blueseal.co.jp

山原土雞湯沖繩麵

山原地鶏　鶏そば屋いしぐふー港川店

Ishigufu

這家是當地不同朋友都介紹的沖繩麵店，通常沖繩麵是柴魚或豬骨去熬湯，但這家是用土雞。他們採用沖繩北部山原（YANBARU）的大自然培養出來的土雞，把雞臭味處理的很好，湯頭很扎實，鹹一點點的湯頭配有咬勁ＱＱ彈牙的自家麵條剛剛好，上方的雞肉軟嫩有口感，大家一定要來品嚐！這家店真的只有開車才能到了，店在住宅區裡，原本是私人住宅，記得好好導航，慢慢開！進去店裡面看到的沖繩縣當地蔬菜，一個人只加100日圓就可以吃到飽喔！

INFORMATION

地址：〒901-2134 沖繩縣浦添市
　　　港川2丁目13-16
電話：098-879-7517
營業時間：7:30〜17:00
公休日：週一
臉書搜尋：ishiguhu

沖繩 小知識

沖繩守護神「SHI-SA 風獅爺」

「避邪」這詞在台灣常常聽到，也很多人介紹沖繩的「獅子神」時候都用「避邪」這兩個字。

其實我們沖繩的神不是避邪，我們沒避邪的概念，請你想想看，今天你避了邪，這個邪會去哪裡？你避掉邪是還存在的，等於你避的邪可能會跑到隔壁家，或對面、樓下、樓上的家。

沖繩的「獅子神」的概念是「淨化」，把邪、惡淨化掉，這樣你也不會有事，隔壁鄰居和你周圍的人都安安全全幸福快樂過日子，而且把原本是邪與惡被淨化之後變好東西，這就是沖繩人的最原始的概念。來到沖繩一定常常聽到「YUIMA-RU」這個詞，代表大家都是一家人相互連結互助的意思。

沖繩獅子神放在門口通常都是一公一母，

沖繩獅子神其實很深奧。

有興趣可以再問我喔！

當然只帶一個獅子神鑰匙圈，運氣也會上升喔！

南部

那覇市

沖宮

沖宮

沖宮是琉球八社之一，神社蘊含的神秘的力量是非常知名的，像日本的棒球隊、歌手、藝人都會特別來參拜。沖宮的根源在奧武山內的天燈山，神社的神道是稱為天照大御神，而在沖宮稱為天受久女龍宮王御神，宮主介紹沖繩神明的起源就是由這裡開始，也是日本歷史神明的起源，所以對神明的歷史和故事有興趣的朋友，可以多多了解一下。沖宮的宮主是個非常有趣的人，在神社內附設咖啡館，咖啡館有提供酒類也有開設教學課程，現在為了讓世界各地的人來沖宮這裡交流也正在積極興建旅館中。宮主不定時的會與台灣的朋友做文化交流，也很關心來沖繩旅遊的台灣朋友們的旅途安全，特別製作了旅途安全鈴鐺，希望來旅遊就開開心心的回家！

沖宮在公園內可以開車進去，不過一定要時速10公里內與打雙黃燈，有時要控管公園內的車輛數就不能開車進去，不過停車場本來就在公園入口旁邊，停在停車場走過去也很近。

INFORMATION

地址：〒900-0026沖繩縣那霸市奧武山町44番地

電話：098-857-3293

Mail：info@okinogu.or.jp

＊ 隨時都可參拜但要買御守請在下午六點前入

宮城光男Miyagi Mitsuo（天才光男）
1976年出生在那霸市，受父母的影響從小時候就接觸藝術，MITSUO是我好朋友，這個人看起來很像古代武士，開口聊起來就很珍惜原有的傳統藝術理念，基於這理念創造出自己的風格以及把自己的信念具體化，在我眼裡他是一個超級正能量的人，已經不是用「散發出」來形容，他就是正能量，他說話就是溫柔、開朗、活潑，他常常說要開開心心的去做事，這樣才會幸福快樂好運也上升，他在國外也有工作室，如果在國際通這邊的風獅爺神社遇到他，記得要跟他打招呼喔！

風獅爺神社

シーサー神社

SHI-SA Shrine

風獅爺神社在那霸國際通星巴克正後方，不僅外觀讓人注目進到店裡還擺滿各式各樣的沖繩守護神，表情也都不一樣，沖繩的獅子神是保佑你和你周圍的人。一樓非常的歡樂，有可愛搞笑的獅子神也有筷子架，有拜過沖宮的鑰匙圈，想要感受一下神的力量，可以到地下室，跟店裡的師傅或店長講一下，他們會帶你下去。地下室就有別縣的神社委託他做的作品等上百萬的藝術作品。

INFORMATION

地址：〒900-0013沖繩縣那霸市牧志2-1-3

電話：098-862-7800

營業時間：10:00～22:00

藝廊天才光男 營業時間：10:00～18:00

公休日：風獅爺神社全年無休，藝廊天才光男不定期公休

世界遺產 首里城

世界遺產 首里城

SEKAIISAN SYURIJYOU

『琉球王國』是在1429年到1879年，繁榮450年的王制國。這時代有跟中國，日本以及東南亞做貿易。首里城就是琉球王國的政治，外交，文化交流的中心點。在這當中建立出獨特的文化。大家知道的『沖繩料理』裡面也有來自東南亞的！在這裡可以看見中國和日本的混合造城技術以及建築文化。

首里城正殿紅瓦朱木，金碧輝煌，是遊客必定參訪的景點。讓人遺憾的是，2019年10月31日凌晨2時左右，首里城發生大火，將正殿及偏殿等六棟建築物被焚毀，珍貴的世界遺產付之一炬，讓所有沖繩居民感到無比痛心！

※ 編註：以下為 2019 年 10 月 31 日前之資訊，目前首里城處於閉城修繕狀態，旅客可上網查詢開放日期。

INFORMATION

地址：沖繩縣那霸市首里金城町1-2

電話：098-886-2020　FAX：098-886-2022

營業時間：區域分別：歡會門、木曳門、久慶門

　　　　　期間　開園時間　4月～6月 8:00～19:30；7月～9月 8:00～20:30；
　　　　　　　　　　　　　10月～11月 8:00～19:30；12月～3月 8:00～18:30

　　　　　開館時間（付費區域）
　　　　　對象區域：正殿、奉神門、南殿、番所、書院、鎖之間、黃金御殿、寄滿、近習詰所、奧書院、北殿

　　　　　期間　開館時間　售票最後時間　4月～6月 8:30～19:00、18:30；7月～9月　8:30～20:00、19:30
　　　　　　　　　　　　　　　　　　　　10月～11月 8:30～19:00、18:30；12月～3月 8:30～18:00、17:30

公休日：7月第一週星期三和隔天星期四

停車場：有　入場費：大人820日圓／高中生620日圓／小學生、國中生310日圓／6歲以下免費

餃子沾麵竹蘭

餃子つけ麺 竹蘭

Takeran

這家店是採訪後半夜我們在找東西吃的時候找到的拉麵店，純粹為了填飽肚子進去的，店在國際通的巷子裡面，路口很小不起眼，看看外面的看板餃子的照片不錯，我決定上門。看菜單，有寫使用島豬肉，也用了沖繩的食材熬湯，我們想說來吃看看，結果我跟攝影師都眼睛亮起來，開始想怎麼開口跟老闆說讓我們採訪的事情。

原本做拉麵麵條以及做湯頭是他的興趣，日本全國走透透吃拉麵就是他的成就。研究到最終，變成拉麵店老闆，現在滿足沖繩本島餐飲業老闆們的胃。搜尋地圖請用地址！不然用店名查會到台灣的新竹！哈哈哈！

他們的島豬肉拉麵（島豚ラーメン）的湯頭是用沖繩產整隻雞，沖繩產豬肉，鮪魚乾，菱鰭烏賊，島蒜頭，沖繩產蔬菜熬出來的。這也是老闆研究出來的配方。一進嘴裡在能聽見海陸交響樂！

他們的島豬沾麵（島豚つけ ）的沾麵湯頭是用沖繩產整隻雞，沖繩產豬肉，島蒜頭，沖繩產蔬菜以及秘密特殊食材。不死鹹不油膩的湯頭讓我改變對沾麵的看法！可以很明確的享受麵條的味道！

島豬肉餃子（島豚ぎょうざ），必點！餃子的日文拼法唸法是「ぎょうざ＝gyou za」類似鍋貼。

Wow!!
秀出這本書免費
獲得飲料！

INFORMATION

地址：沖繩縣那霸市牧志2丁目6番34

電話：098-867-3236

營業時間：中午12點～16點、晚上18點～22點30分
（賣完就營業結束）

公休日：不定期（基本上一個月休一天）

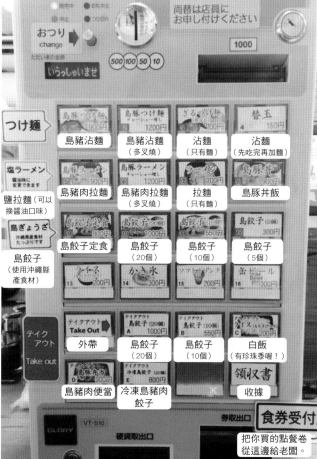

両替は店員に
お申し付けください

おつり change
ただいまの金額
いらっしゃいませ

つけ麺	島豬沾麵	島豬沾麵 （多叉燒）	沾麵 （只有麵）	沾麵 （先吃完再加麵）
鹽拉麵（可以換醬油口味）	島豬肉拉麵	島豬肉拉麵 （多叉燒）	拉麵 （只有麵）	島豬丼飯
島餃子（使用沖繩縣產食材）	島餃子定食	島餃子 （20個）	島餃子 （10個）	島餃子 （5個）
		かき氷	ソフトドリンク	缶ビール Beer
Take Out	外帶	島餃子 （20個）	島餃子 （10個）	白飯 （有珍珠黍喔！）
	島豬肉便當	冷凍島豬肉餃子		領収書 收據

券取出口 食券受付

VT-S10 GLORY

硬貨取出口

把你買的點餐卷從這邊給老闆。

223

沖繩家庭料理店 MANJYUMAI
沖繩家庭料理の店　まんじゅまい

當地居民和政府機構工作人員的胃就是靠這家，每一道餐都有滿滿家庭味，店內貼滿簽名，也有貼老闆手工作的沖繩地圖，適合全家人一起輕輕鬆鬆去吃飯。我要大推特推的是「ピパーズそば/假蓽拔沖繩麵」，我們唸「PIPA-ZU SOBA」，假蓽拔是種胡椒在日本是八重山諸島會食用，它有很特殊的香氣，開始習慣它的香氣之後，它會讓你吃沖繩麵時沒有它不行！那麼這個假蓽拔沖繩麵就是把假蓽拔混在麵團裡面，這麵是老闆自己一直研究比例不斷的試做才完成的作品，麵條香氣、口感、湯頭的濃郁又清爽的感覺讓人難忘。

INFORMATION

地址：〒900-0015沖繩縣那霸市久茂地3-9-23

電話：098-867-2771

營業時間：11：00～15：00

　　　　　16：30～21：00

公休日：每週日

IKARIYA 食堂

レストラン『いかり屋』

Ikariya cafeteria

大眾餐廳IKARIYA是一進門就感覺到當地人的氣息，感覺就是要讓你的胃滿足到不行，因為這家的餐點每一個都有溫馨家庭味之外，份量真的很大吃很飽，價格就在平民食堂，他們希望來的人都吃飽飽，所以就是薄利多銷的概念，推薦大家吃他們的「御膳」魚非常新鮮好吃！

INFORMATION

搜尋：沖繩船員會館（網站有餐廳菜單）

地址：〒900-0016沖繩縣那霸市前島3-25-50

電話：098-868-2775

營業時間：7:00～23:00（最後點餐22:00）

公休日：全年無休

居酒屋『雙帶烏尾鮗』
居酒屋『ぐるくん』「GURUKUN」

這家是我當地朋友介紹的，因為他住附近，連當地人都覺得不可思議。看照片就不用說明對吧！沒錯！老闆直接把船開進家裡！

下雨天，颱風天都可以在這裡釣魚喔！說真的這家店裡船下就是魚池，讓客人釣魚，釣到現場馬上幫你料理。有幾隻就是一直沒有被釣到已經長大到10公斤大了。大家可以體驗看看！這家還是沖繩料理居酒屋。想得到的沖繩料理都有。在這裡特別的是沖繩名產「地豆豆腐（JI-MAMI豆腐）」趁熱吃最美味！。

釣到的魚是要秤重，時價喔！

INFORMATION

地址：〒900-0031沖繩縣那霸市若狹3-20-8
電話：098-866-3667
營業時間：平日18:00～24:00（最後入場時間23:00）
　　　　　假日18:00～23:00（最後入場時間22:00）
公休日：每週三
停車場：9輛　席位：90席

海產物 沿岸

海産物 えんがん

KAISANBUTSU ENGAN

跟那霸沿岸漁協組合組長去海釣之後，把我們釣到的魚帶來這家食堂，這家店是那霸市沿岸漁業協同組合的直營食堂，位置就在港口旁，每天都有從旁邊的海港上岸當季最好吃最新鮮的魚貨到店裏。店的氣氛就是一般食堂的裝潢，是當地居民和漁夫的能量來源，我認為這樣的店才會有好食材又平價，雖然他們都不會講中文，也沒有專門為外國觀光客準備，但都很歡迎大家到店裡品嘗美味，沿岸漁業協同組合的直營食堂，就不用多說他們的魚料理可是非常厲害！他們還有幫釣客處理魚，做成生魚片及炸物的服務喔！我帶我釣到的3公斤魚請他們處理做成生魚片，很鮮甜、彈牙，不能再更新鮮的美味！他們的菜單很多種，喜歡海鮮的朋友們如果行程時間充裕，可多次到店裡品嘗沖繩當地釣到最新鮮的魚料理。

INFORMATION

地址：〒900-0001電話：098-869-7837
（只能說日文）
營業時間：11:00～21:00
公休日：農曆7月13日-15日、年底年初
停車場：有

嘉數商會

嘉數商会
KAKAZU SYOUKAI

在市場內的毛巾商店，還有各式各樣的毛巾跟沖繩限定款的手帕⋯⋯等，不過我想說的重點不在毛巾而是這家店的店長是貓咪MI-TAN，只是一隻貓咪不奇怪，會撒嬌也不必大驚小怪，這裡的貓店長還會跟你舉手擊掌（High-Five）！

INFORMATION

地址：〒900-0013沖繩縣那霸市牧志3-6-41
電話：098-862-1682
營業時間：09:30～19:00
公休日：新年、兒童節、清明節

天空之隱家 BEEF BAR
天空の隠れ家 BEEF BAR

可以吃得到非常稀少的石垣島牛「美崎牛」，是美崎牛場的直營店，另外讓人興奮的是餐廳的所在地在大樓的屋頂，可以看見那霸的美麗夜景，如果不趕時間的話，可以到這裡享用美崎牛肉和那霸的夜景。

INFORMATION 🔍 臉書搜尋：Beef Bar

地址：那霸市歌町4-8-9Face大樓 7F
電話：098-975-5529（完全預約制）

233

炸麵包工房 ANTOSHIMO
揚げパン工房　アントシモ

這家店默默在沖繩有名，他們招牌就是炸麵包，店的名字日文發音很特別於是我就問老闆有什麼含義，老闆說：「其實沒什麼意思，只是把我家三個小朋友的頭一個字拼起來而已。」原來如此！老闆是個愛小孩的爸爸，這個炸麵包也是跟他小朋友一樣有很多愛在裡面，炸麵包口味有很多種，不定期也會有新口味，最受大家喜愛的是裡面有包麻糬的系列，嘴饞時配茶熱熱吃，是一個好點心。

INFORMATION

地址：〒900-0015沖繩縣那霸市久茂地1-5-1
營業時間：10:00～21:00（第2、4週的週二開到19:00）
停車場：店前面可以暫停3-4台
公休日：每週三

奔帆蛋糕工房

ボン　ファン

Bonne Femme

在沖繩縣喜歡吃蛋糕的蛋糕迷一定知道的老牌高級洋果子店，在這不管是生日蛋糕、切片蛋糕、栗子蛋糕、蛋糕捲都有！可以先跑一趟選好蛋糕預約時間到了再過去拿！圓的蛋糕我吃過聖誕節款的，海綿鮮奶油口感很細膩，我直接吃了四分之一，還有香蕉蛋糕也很好吃，雖然長得很樸素不起眼，但吃起來會讓你一口接一口停不下來！值得一提的是他們家的Uchina-Mun糕（うちなーむんスイーツ），除了獲得優良縣產品獎的沖繩果子外，所有口味都使用滿滿的沖繩道地食材，都是大老闆對沖繩的愛做出了這些甜點。沖繩還是美國統治的時候，去日本必須要帶護照，老闆只能坐船轉搭火車花很多時間到東京學料理和甜點，後來回到沖繩開店，當時沖繩沒有這樣的店，這是一個令人佩服的地方，大老闆把所學來的東西和沖繩食材文化結合，難得有甜點卻不甜的伴手禮，給重視健康、重視食材的家人朋友，記得準備一杯好茶搭配享用！

INFORMATION

奔帆蛋糕工房ボンファン　古波蔵店
地址：〒900-0024 那霸市古波 1-1-6
電話：098-834-2680
營業時間：10：00～20：30
公休日：全年無休　停車場：有（3輛）

奔帆蛋糕工房ボンファン　リウボウ店
地址：〒900-0015 那霸市久茂地1-1-1 1F
電話：098-869-4731
營業時間：10:00-21:00
公休日：全年無休

琉球銘菓 KUGANIYAA
琉球銘菓くがにやあ

在那霸市的小沖繩點心店，店面不大但種類很多，包裝都非常用心，上面都是彩繪的，也採用沖繩的琉球紅型藝術家的藝術畫當包裝，受當地人的喜愛。餅乾蛋糕也使用多種沖繩當地的食材，讓人從內到外都感受到沖繩，同時跟著回憶把沖繩帶回去的概念。他們的餅乾蛋糕，還有包子，說實話真的都好吃，很難說推薦哪一個。

而傳統的沖繩餅乾「Kugani Chinsuko」一天只能做4000片，因為師傅是一片一片手工製作的，我還喜歡他們的「Ryukyu Polvoron」發音是「波嚕玻龍」，可以吃到材料的香氣，同時享受它的口感。

我吃過他們的很多東西，推薦大家吃的是使用沖繩產黃金芋的「Kunigaya Manju」包子，皮越咬越香，內餡溫柔的甜味和黃金芋的香味，值得特別過去品嚐。

Wow!!
結帳秀出這本書
9折喔！

INFORMATION

地址：〒902-0065沖繩縣那霸市壺屋1-18-1
電話：098-868-0234
營業時間：10:00～19:00
公休日：農曆7月13日-15日，年底年初
停車場：有

A&W 速食漢堡店

エーアンドダブリュー（エンダー）

來沖繩一定要吃A＆W這家速食店，因為美軍的關係從1963年就駐進沖繩，也是日本第一家速食店，看見美國人開車到A＆W的樣子是當時沖繩年輕人的仰慕對象，A＆W特別的地方是點餐就像加油，每一個停車格都有對講機，點完餐服務員會送到車子，然後直接在原地吃，有會講日文看得懂菜單的朋友可以試試看。在這裡必吃的是把馬鈴薯挖成像彈簧的Curliy fries（カーリーフライ），它的調味是讓人停不下來的好吃，還有一個是Super fries（スーパーフライ），它是先做成馬鈴薯泥再做成薯條狀的，外皮超薄酥酥越咬越香，對沖繩人來說薯條就是這個，這兩種薯條必吃，這是我們沖繩人從小吃到大的特殊薯條。還有一種飲料叫做Root Beer（ルートビア）它是氣泡草藥飲，像台灣的沙士，Root Beer（ルートビア）內用續杯一直都是免費。

我回來必吃必喝的三樣東西！A＆W的主要原料都是美國進口，來沖繩感受一下，在沖繩扎根的美國味！那霸國內機場也有，回去前一刻也可以吃看看喔！

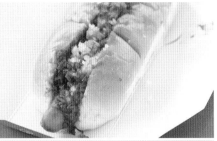

INFORMATION　🔍 A＆W（沖繩內共有27家店是開車兜風旅遊的好夥伴！）

A&W 牧港店

地址：〒901-2131 沖繩縣浦添市牧港４丁目９　１

電話：098-876-6081

營業時間：24小時營業

停車場：有

沖繩・八重山 MARMIYA
沖繩・八重山マーミヤかまぼこ

於1945年創業至今已有70年歷史的Marmiya魚板專賣店，也是我小學同學的家開的，かまぼこ意思就是魚板，這名詞的發源地是從石垣島來的，一直從我奶奶的時代開到現在，可以說是當地人飲食生活的一部分，也是沖繩常見的伴手禮，小時候去奶奶家，一人一條長長的魚板是哄小孩最好的小點心，是令人一吃再吃懷念的好滋味，甚至到現在我在煮沖繩麵的時候，也是會把板狀的魚板切小片擺在麵上，為了迎合人們多樣性的選擇也開發了很多種口味，不用擔心吃太膩的一直想吃！也請大家來沖繩務必嘗嘗看我們小時候回憶的美食吧！

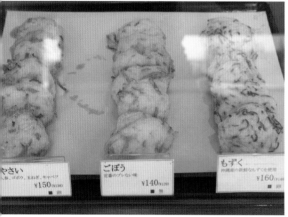

INFORMATION

那覇工場 & 直売店

地址：沖繩縣那覇市曙1-14-14

TEL：098-988-3195　FAX：098-988-3196

停車場：5台

週一到週六：早上9:00 - 下午 18:00

　　　　　週日：早上 9:00 - 下午17:00

公休日：無

※1月1～4日除外天天都有營業喔！

牧志店

地址：沖繩縣那覇市牧志3-1-1

※國際通的市場本通 面對激安唐吉訶德（ドンキホーテ）

　左手邊市場路口進去

TEL：098-863-2186

とまりん店（TOMARIN店）

地址：沖繩縣那覇市前島3-25-1　TOMARIN內（とまりん）

※1Ｆ離島售票處前

TEL&FAX：098-862-0757

沖繩 琉嘉娜陶藝館

沖繩陶芸 琉かな
OKINAWA RYUKANA

沖繩也是有獨特的陶藝文化，這家店在那霸市立壺屋燒物博物館旁邊，有讀谷壺屋燒，仁王窯等，帶有琉球王朝時代的氣息，沖繩獨有的色彩以及形狀的陶藝品，有興趣可以從咖啡杯，小盤子開始接觸沖繩陶藝。

INFORMATION

地址：〒900-0013沖繩縣那霸市牧志3-6-37
電話：098-868-7350
營業時間：10:00～18:30
公休日：週一
停車場：可以利用附近收費停車場（60分鐘100日圓到300日圓）

243

新垣金楚糕
新垣ちんすこう

ARAKAKI CHINSUKO

沖繩知名的糕點「金楚糕Chinsuko」已有百年以上的歷史了，這家老店一直保有傳統做法，所以食材品質和比例的控管嚴格就是為了要重現百年來延續的味道，要買送給重要的人禮物時我都會買這家。一口咬下去酥酥的口感，香氣從嘴巴流進鼻子，而且越咬越香吃多也不膩，將麵粉、砂糖、豬油燒製而成，食材簡單卻需要細心製作，所以成為當地人氣點心。除了介紹金楚糕，還有很多是琉球王國時代由中國傳來的甜點樣式，有個香草冰淇淋當地人也很愛吃，如果沒時間到總店的，有些便利商店、超商都有賣，喜歡吃甜的朋友一定要品嚐看看！

INFORMATION

國際通り牧志店
地址：沖繩縣那霸市牧志1-3-68
電話：098-867-2949
營業時間：9:30～21:00
公休日：1月1日、2日

國際通り松尾店
地址：沖繩縣那霸市松尾1-2-3-1
TEL:098-863-0121
營業時間：9:30～21:00
公休日：1月1日、2日
網址：http://chinsuko.co.jp

沖繩勞卡客棧

ホテルロコイン沖繩

Hotel Roco Inn Okinawa

沖繩勞卡客棧座落於那霸市中心，步行11分鐘就可以到波上海灘、波上宮等景點，想逛街走路12分鐘就到國際通，樓下就是AGAI太陽居酒屋，對於追求機能性的旅客是一個好選擇！飯店的設備配上簡約的房型，可以說是麻雀雖小五臟俱全，更提供自助投幣洗衣機和烘衣機，有帶小朋友一同出遊的就不用擔心弄髒衣服沒衣服穿，而且不用帶很多衣服！AGAI太陽居酒屋提供了豐富的日式早餐，餐廳充滿著沖繩的媽媽味正是他們的特色，我去吃早餐的時候，看到沖繩和日本本島的人都讚不絕口，味道和食材保證都是道地口味！這裡也提供晚餐，吃著沖繩料理，喝一杯琉球泡盛！想享受著簡單住，吃好料又好好逛的朋友可以住這裡喔！

INFORMATION

地址：〒900-0032 沖繩縣那霸市松山1-27-11
電話：098-869-6511
入住退房時間：入住：14：00／退房：11：00
停車場：有（約40輛）

沖繩風居酒屋 AGAI 太陽

沖繩風居酒屋 あがいてぃーだ

AGAI-TEADA

國際通上琳瑯滿目的居酒屋讓人難以選擇，跟你介紹的這家店鄰近國際通，是位於類似東京歌舞伎町的地方，當作散步從國際通走路12分鐘即可抵達，是一間當地上班族都很喜愛的沖繩料理居酒屋，價格親民又可品嚐道地的沖繩料理，當然不要忘記喝一杯琉球泡盛，敬這趟旅程！

INFORMATION

地址：〒900-0032沖繩縣那霸市松山1-27-11
電話：098-869-6511
入住退房：入住14:00 / 退房11:00
停車場：有（約40輛）

那霸飯店 ROCORE NAHA

ホテルロコアナハ

HOTEL ROCORE NAHA

飯店就在國際通入口非常方便的地理位子，去遠方回來也還可以走去國際通逛逛，房間是比較大的商業飯店，在市區求乾淨舒適、能睡得好、又方便的朋友，可以選這一間，還有一個最大的推薦是他們的餐廳Alett A，是想在國際通好好購物的朋友們最佳選擇！

沖繩風居酒屋 AGAI 太陽／那霸飯店 ROCORE NAHA

INFORMATION

地址：〒900-0014沖繩縣那霸市松尾1-1-2

電話：098-868-6578

入住退房：入住14:00／退房11:00

停車場：有

世界各國料理 Alett A 餐廳
レストラン　アレッタ　ホテルロコア ナハ店

這餐廳屬於自助，每個月都準備不同種類的世界料理，他們在料理上堅持以師傅手工製作，佈置和擺設都很用心，讓人覺得很歡樂，很可惜的是我無法品嚐到所有的菜色，因為種類太多了，在這裡偷偷告訴大家，如果你去的時候有咖哩，我推薦吃他們的咖哩！別小看咖哩！咖哩是隱藏版的飯店美食，沒有住飯店也可以來用餐，假日還有小朋友專區！他們的指標老少咸宜都能安心愉快的用餐，吃膩了沖繩料理的話，不妨全家人來餐廳用餐！

我要特別介紹早餐是因為這家餐廳早餐菜色種類多又好吃，另外也有為7-8個月的寶寶準備嬰兒食品，日本重視嬰幼兒食和介護食，真的是充滿愛心與貼心的餐廳，到餐廳可以詢問服務員。

梨梨亞手指日文 👆

中文 請問一下，今天有嬰兒食嗎？如果有我想要一份。

日文 すみません。今日離乳食はありますか？ あれば一人分お願いします。

INFORMATION

地址：沖繩縣那霸市松尾1-1-2

電話：098－867－0100

營業時間：早餐：6：30～10：00（最後入場09：30）、午餐：11：30～15：00（最後入場14：00）、
晚餐：18：00～22：00（最後入場21：00）

費用：費用：平日午餐1500日圓（未稅），平日晚餐1900日圓（未稅）　※節假日費用另計

入住退房時間：入住 14：00、退房 11：00

停車場：有，地下停車場：14：00～隔天11：00、立體停車場：14：00～隔天11：00

沖繩那霸 Loisir 酒店

ロワジールホテル

Loisir Hotel Naha

位在那霸市區，又是在港口的大飯店。地理位子非常方便外，裝潢乾淨俐落，有大戶外游泳池、市內游泳池、男女溫泉、三溫暖及舒壓按摩店，通通在飯店內，所以如果天氣不佳，在飯店內就過的很舒服！還有這家飯店的餐廳也很受歡迎，當地公司也常常在這飯店的宴會廳舉辦宴會，很多當地民眾都會利用。

INFORMATION

地址：〒900-0036沖繩縣那霸市西3-2-1

電話：098-868-2222

入住退房時間：入住 14：00／退房：11：00

停車場：有

早餐在「宴會廳」

自助式早餐，100種菜色任你挑！除了日本飯店都會有的西式料理之外，還準備了很多沖繩傳統菜色，有時太多根本一次吃不完，覺得必須住個三天吃三次才能吃一輪。

餐廳『噴水』All Day Dining FONTAINE

從早上到晚上，分時段不停的提供各種餐點的餐廳。這裡的下午茶蛋糕吃到飽是當地女性的最愛，連高中生都自己跟朋友來吃。

種類很多，蛋糕、果凍、奶酪、餅乾都有，所以吃再多都不會膩。如果有一個下午，需要找地方休息的話，這裡是一個好選擇！

那霸露臺飯店

ザ ナハテラス

The Naha Terrace

飯店在隱密的高台。繞進住宅區，有一點開始擔心說真的是這裡嗎？這時候突然入口就出現了。

吵鬧的大都市裡面，那霸露臺飯店可以帶給你寧靜的時刻。大廳擺設的花、燈光的明亮度、流動的空氣，我在這空間裡想到一個字『靜』，有一種飯店在跟我說，放下一切，好好休息的這種感覺。這裡也是跟巴塞納露臺飯店一樣優雅的服務周到。

INFORMATION 　🔍 那霸露臺飯店

地址：沖繩縣那霸市歌町2-14-1

電話：098-864-1111

傳真：098-863-3275

入住退房時間：入住時間 12：00／ 退房時間 12：00

沖繩縣物產公社

沖繩縣物產公社　わしたショップ

WASHITA SHOP

把沖繩名產推廣到日本各地的名產店。你來到這家一定找得到你要的東西，因為他們賣的不只是禮品盒，連我們當地人平常用的調味料、海藻等，吃的東西都有賣。一樓還可以換錢。

INFORMATION　🔍 臉書搜尋：@washitashop.okinawa

地址：〒900-0015沖繩縣那霸市久茂地3-2-22

電話：098-864-0555

傳真：098-869-7836

營業時間：10:00～22:00

公休日：全年無休

美夢島！座間味島

座間味島
ZAMAMI ISLAND

座間味島，我只能說美呆了。

我在採訪沖繩本島時，認識了座間味島座間味村的村長。他說他們島非常美，馬上邀我採訪座間味島，不過我婉轉拒絕，說這次是以租車環島為主題，所以改下次再拜訪。

但是，這是一個很必然的緣分，在沖繩本島的東京朋友突然找我去座間味島玩。我就當作「自己休假」，順便看看有多好。從那霸市泊港出發，一出海，到座間味島之前會經過很多小島，這風景就會被吸引，覺得搭船很值得，期待感上升。到了島上，租了機車環島，跑透各沙灘下水。

我不得不承認，這裡的海、沙灘、地形，所造出來的風景真的很美。

而且，在很淺的海域就可以見到海龜！跟海龜游泳，這是很難得的經驗。

我11月去雖然水溫比較低，不過玩水沒問題。如果想離開人間，歡迎來座間味島！

INFORMATION

港口地址：沖繩縣那霸市前島三丁目25番1

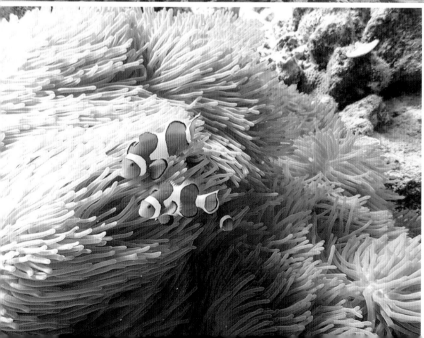

南部
豐見城市

忠孝酒造

忠孝酒造

Chuko Awamori Distillery

到了門口馬上看見的就是一個壯觀的木造古酒藏，在這裡可以看見琉球泡盛的所有一切，這家酒廠是唯一在自己酒廠擁有窯，可以燒出讓泡盛熟成的陶窯甕，這是從前老闆傳承下來，現任酒廠大城老闆的堅持，親自挑選土來進行製作，這甕叫「忠孝南蠻荒燒甕」。在沖繩本島最小的泡盛酒廠，不過他們重現琉球王朝時代的整個製作過程，沖繩的酒也就是琉球泡盛是很深奧的，在沖繩唯一在這裡可以參觀真正泡酒的製作過程，還有師傅在設施內製作陶窯甕，這燒法非常特殊，所以沒有一個花樣是一樣的，在這裡享受木頭的香氣和泡盛酒熟成的味道，慢慢參觀找出屬於你的甕！這裡有在做紀念泡盛酒甕、結婚紀念、小朋友生日、出生紀念，公司成立紀念等，可以寄放在這裡，年後大家一起再過來享用這甕的「古酒」，沖繩有一個習俗是小朋友出生會準備一個泡盛甕，等小朋友20歲時打開全家人一起喝，泡盛酒是越放越熟成，成為古酒價值好高，所以回到剛剛提到的忠孝酒廠大城老闆為什麼堅持自家做陶窯甕就是這「甕」必須好好保存大家的「愛、樂、回憶」，泡盛酒在沖繩家庭是「家寶」，歡迎大家來認識琉球泡盛！有試喝，所以記得駕駛朋友要喝就叫代駕！

Wow !!
秀出這本書可以獲得
一瓶泡盛酒喔！

INFORMATION

地址：901-0232沖繩縣豐見城市字伊良波
　　　556-2
電話：098-851-8813
停車場：有（免費50台）
營業時間：9:00～18:00
公休日：1月1日 元旦
免費製作過程參觀
帶領參觀時間：9:00～17:00（每30分鐘一次）
＊需要先在櫃台報名（試喝和賣場開到18:00，17:00前要報名完成）

採訪忠孝酒造 第三代 大城社長

現在我們沖繩大家一起努力要讓琉球泡盛酒傳承下去，這必須要知名度和消費者。長大之後才發現，泡盛酒是高濃度，日本酒不高。所以大家都有一些偏見。這次榮幸採訪到忠孝酒造的大城社長。

說到泡盛，沖繩縣外的人來說就是禮品。

但是就像沖繩人去台灣觀光，也不會想到說買高粱酒回來送人。高粱在台灣那麼有名，為什麼？因為去觀光的沖繩人不知道高粱呀！不知道台灣有高粱酒，不知道它的存在，當然永遠不會列入在想買的禮品名單裡。就像這樣，沖繩的泡盛酒也一樣，需要讓全世界的人知道它的存在。

30 多年前，沖繩還在美國氣息濃厚的社會中，連當地人都把泡盛酒叫成「SHIMA GUA」，把威士忌當上等貨，把自己的島酒泡盛看很低、看不起，曾經有這樣的時代。

我認為泡盛酒在日本的高級餐廳等時尚的地方供應的話，泡盛可以成為一個品牌。

不過現在的狀況就是，連沖繩的年輕人也對泡盛有負面印象，大叔在喝的酒、臭臭的等等。目前還是很多人當禮品買回去，不過還沒到「很好喝的禮品」。我們現在要做的就是要把比燒酎歷史更久的泡盛改變形象。

採訪過程中社長跟我說了很多故事，社長他的經歷很多，跑了世界各國也看了很多。中間很有深度的內容就請到我粉絲頁！我在那邊翻譯給大家！

最後社長說泡盛酒跟巧克力很搭！非常搭。搭配微甜的東西會很棒。沖繩料理基本上主要都是柴魚熬湯，跟泡盛就是很搭，當地的酒就是很適合當地的飲食。

社長說透過泡盛傳達沖繩魂！邊試喝泡盛古酒，社長跟我說了很多現實問題、理想、夢想、該做的事。我覺得全心全意面對一件事情，這麼熱血的人不多了，因為不是賺錢為優先。

我很敬佩大城社長。

沖繩 小知識

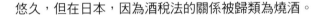

琉球泡盛 RYUKYU AWAMORI

我先說，琉球泡盛「零卡、無糖、不宿
醉」！是一個比什麼酒都友善的酒。
琉球泡盛是用獨特的釀造法製作的蒸餾
酒。歷史比燒酒還久，有 600 多年時間
一直不變的作法傳接到今天。雖然歷史
悠久，但在日本，因為酒稅法的關係被歸類為燒酒。
那麼，『琉球泡盛』獨特在哪裡？
首先，泡盛與其他的製造上跟「日本清酒」和「燒酒」有大大差異。

「琉球泡盛」使用全麴的『黑麴菌』，而燒酒使用的是「白麴菌」。
在製作過程也是「燒酒」是分兩次下料，「泡盛」是「一次」下料。
再來，泡盛是使用泰國米（印蒂加米）為原料，但聽到泰國米通常大家都變臉色，一律都
會說日本米那麼好吃，為什麼不用日本米。
琉球泡盛 600 年前就在做一直傳承獨特做法，最不能缺的就是原料的米，「最適合琉球泡
盛酒」的米「現在叫做泰國米」。
每一個國家，每一個縣市，每一個地區，因為不同水質、土質、品種不同，各有適合的吃
法以及用法，這是我一直想傳達的事情。
為了保有 600 年的泡盛味，堅持不改變也是一個沖繩魂，我是這麼認為。
「泡盛」這名稱是從 1671 年的記錄裡開始，是出現在琉球王國的尚貞王把泡盛當作貢獻
品給第四代德川家綱的目錄裡。
那麼泡盛的「泡盛」這名稱是怎麼來的？
目前最有利的說法是，從高處往碗裡倒進泡盛酒的時候會起泡泡。品質越好泡泡會細膩，
而且維持很久。從這樣的「把泡泡盛（堆疊）」習俗演變現在的「泡盛」這名稱。

琉球泡盛酒怎麼喝呢？

喝法一：「直接喝」！

這樣能喝出這一瓶泡盛的個性以及原有的特色、香氣。就跟威士忌一樣，泡盛是烈酒。好喝啊！記得要喝古酒。

喝法二：「6（泡盛）:4（水）」

套水喝是 9 成的沖繩人的喝法。不過還是要看你今天要喝的泡盛酒的濃度。大家吃飯時喝的紅酒白酒日本酒基本上都差不多在 11 度到 15 度。所以琉球泡盛酒也一樣吃飯時套水就剛好 15 度左右。也可以套沖繩縣民茶「SANPIN 茶（茉莉花茶）」。在市面上買得到得泡盛最多的是 25 度、30 度、43 度。可以參考以下比例去調整到 13 度到 15 度。

25 度 「6（泡盛）:4（水）」（15 度）

30 度 「5（泡盛）:5（水）」（15 度）

43 度 「3（泡盛）:7（水）」（13 度）

飯後琉球泡盛就當威士忌、伏特加喝。

喝法三：「只加冰塊」

杯子裡加冰塊，加泡盛後輕輕的慢慢攪拌。杯子稍微起霧冰冰的就可以享用了！

喝法四：「調酒／雞尾酒」

可以代替 GIN、VODKA。調酒世界美味無窮，30ml 泡盛當基酒，其他隨你表現！

好喝的泡盛酒套水方式

首先請準備「礦泉水」和「純水製冰塊」。才不會破壞原味。

1 把冰塊放進杯子

2 加泡盛

3 用攪拌棒輕輕慢慢的攪拌。攪拌到杯子起霧。這過程很重要！這時候先讓泡盛酒完全冷卻。

4 再加冰塊，再慢慢加水。

5 輕輕攪拌。請享用！

梨梨亞特調

扶桑花茶 300cc

＋

泡盛 30cc（30 度）

＋

冰塊

喜歡酸一點可以加檸檬汁。想要甜一點可以加水蜜桃果醬！

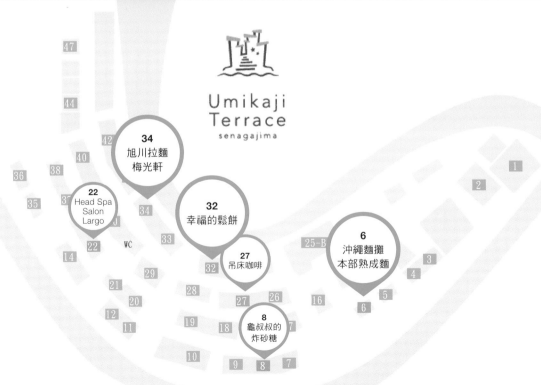

Umikaji
Terrace
senagajima

34
旭川拉麵
梅光軒

22
Head Spa
Salon
Largo

32
幸福的鬆餅

27
吊床咖啡

6
沖繩麵攤
本部熟成麵

8
龜叔叔的
炸砂糖

WC

瀨長島商圈

ウミカジテラス
UMIKAJI TERRACE

模擬希臘的海岸邊的商業設施。

從這裡的每一個店家都能看見完美的夕陽。傍晚的時間，可以沒有目的地來這裡吹著海風走走散步，看夕陽。

INFORMATION

地址：〒901-0233沖繩縣豐見城市瀨長174番地6

電話：098-851-7446

營業時間：10:00～21:00

公休日：全年無休

網址：https://www.umikajiterrace.com

幸福的鬆餅 UMIKAJI TERRACE

幸せのパンケーキ　ウミカジテラス

喜歡吃甜點的朋友的話一定知道這一家，在東京非常有名的鬆餅店，就開在那霸機場附近囉！鬆餅麵皮真的是蓬鬆綿密，放進嘴巴裡面真的是「幸福」啊！想吃到這幸福的鬆餅至少要等20分鐘，因為有進單才開始煎，那麼通常要排隊，所以如果想在回國前吃的話提前一個小時來店裡排隊，最好預留100分鐘，週末就要準備2小時比較安全，這Umikaji Terrace是面海的類似公園商圈，可以看美景慢慢等待，排隊與等待的時間，反而有了靜下來讓我好好欣賞風景的時間。

INFORMATION　🔍 Umikaji Terrace（可以傳訊詢問公休日）

地址：〒901-0233沖繩縣豐見城市瀨長174-6

電話：098-851-0009（不接受電話訂位一律現場排隊 ）

營業時間：平日10:00～19:30（最後點餐 18:40）
　　　　　六日、例假日10:00～20:30（最後點餐 19:40）

公休日：不定期

旭川拉麵梅光軒

旭川ラーメン 梅光軒　沖縄店

Baikohken

有人曾看著藍天大海吃美味拉麵嗎？在沖繩的Umikaji Terrace裡面的這一家「梅光軒拉麵店」一次可以滿足你的味蕾、嗅覺、視覺！北海道出生的梅光軒日本最南端的店就是這一家，快來享受豚骨、雞骨熬出來的動物系湯頭和昆布和魚類熬出來的海鮮系湯頭的二部合唱！

INFORMATION

🔍 umikajiterrace baikouken

地址：沖繩縣豐見城市瀨長174番地6　第33號
電話：098-996-2082
營業時間：10：00～22：00（最後點餐 21：00）
公休日：不定期（可以到臉書留言詢問。）

沖繩麵攤本部熟成麵
沖繩そば処　もとぶ熟成麺
Motobu jukusei men

日本各地都有知名的拉麵，而沖繩也有專屬的沖繩麵！本部熟成麵使用當地盛產的鰹魚做湯頭，高湯的鮮味和軟嫩的豬五花在嘴裡散開頓時讓人笑得合不攏嘴，你問我這家麵好不好吃？當然好吃呀！

三層肉、軟骨肉還有排骨都燉得軟嫩入味，當下好想請老闆切一盤豬肉大拼盤要好好的大口吃肉。當然沒有這樣的菜單，只能用想的。所以大家可以點「V3沖繩麵」。這碗麵就有三個部位的肉，讓你一次滿足！

額外推薦海葡萄沖繩麵，鰹魚高湯搭配著海葡萄又有另一種特別的口感。

離那霸機場大概15分鐘車程，如果還有時間，回國前一定要繞過來吃沖繩拉麵，讓這趟沖繩之旅更加完美！

INFORMATION
地址：〒901-0233沖繩縣豐見城市瀨長174番地6（瀨長島ウミカジテラス）
電話：098-987-454
營業時間：11:00～20:00
公休日：無

吊床咖啡 LA ISLA
ハンモックカフェ　ラ　イスラ

在Umikaji Terrace走走找店家的人都會停下來討論的店，因為掛在戶外的位子的吊床實在是太讓人心動，他們的主題是墨西哥，吊床也是墨西哥手工編織。我常常在這裡出沒，因為離機場很近，所以跟朋友碰面都會在這裡，最好的時間就是傍晚，坐在吊床上，看著太陽突然溫柔起來變夕陽的表情，享用特調水果雞尾酒，這裡能讓你享受「非平常」。

INFORMATION

地址：〒901-0233沖繩縣豐見城市瀨長174-6（ウミカジテラス27號）
電話：098-894-6888
營業時間：10:00～21:00
公休日：全年無休

龜叔叔的炸砂糖
UMIKAJI TERRACE

かめおじーのサーターアンダギー

沖繩傳統甜點變時尚了！主要用麵粉，砂糖再加一些油，簡單樸素卻人人都愛的沖繩點心。這家有很多種口味可以選。選完之後，還可以挑鮮奶油，紅芋泥，生乳酪，紅豆泥等等！你覺得還不夠豐盛，還可以再加冰淇淋！來沖繩務必享用現場現炸熱騰騰的SATA-ANDAGI喔！

INFORMATION　🔍 KAME ANDAGI（かめおじーのサーターアンダギー）

地址：〒901-0233沖繩縣豐見城市瀨長174-6（Umikaji Terrace第8號）
電話：098-851-4171
營業時間：10:00〜21:00
公休日：全年無休
刷卡：無（只收現金）

Head Spa Salon Largo

ヘッドスパサロン　ラルゴ

台灣女生有去洗頭的習慣，所以我想大家會喜歡上這療程。在日本，在外面純粹洗頭就是舒壓療程了。那麼這家舒壓療程最厲害就是他的『手指按摩技術』。我本人也在台灣常常去洗頭當作舒壓，很舒服！我這天住UMIKAJI TERASU上方的飯店，順便來這家店舒壓，時間上的關係我就做30分鐘的療程。在洗頭指壓按摩的過程中，隨時都有負離子水霧。重點還是微妙的手法和力道，舒服到在短短的時間內讓我一時忘了自己。旅遊就是放鬆紓壓尋找快樂，對自己好一點，舒服一點！也可帶重要的人去送他一個療程。

INFORMATION

地址：〒901-0233沖繩縣豐見城市瀨長174-6
　　　ウミカジテラス（UMIKAJITERRACE）22番

電話：098-987-4117

營業時間：週一到週日 12:00～21:00

公休日：全年無休

＊可以到Umikaji Terrace的臉書留言預約喔！

Sui Savon 首里肥皂

Sui Savon 首里石鹼

一進到店裡就感覺到他們的用心，各式各樣的肥皂有做成會聯想到沖繩的形狀，店長說希望把沖繩的回憶和香氣一起帶回去，回憶不是只有照片，禮物也不是只有黑糖！只用天然香氣素材和精油的肥皂是師傅一個一個手工製作的，小朋友及皮膚比較敏感的人都可以用，很眾多商品裡面我推薦的是「クチャ洗顔料」天然沖繩海底泥的洗面乳！

INFORMATION

電話：0800-000-3777

營業時間：10:00～20:00

公休日：全年無休

網址：http://www.suisavon.jp/

ISLAND MAGIC SENAGAJIMA
アイランドマジック

旅遊就是要將美景收入自己的塗鴉牆，一個能讓你24小時都是拍照時刻的夢幻世界Island Magic，美式風格的露營區位於瀨長島上，近那霸機場的地方還可以看見飛機起降，欣賞著沿海180度的海景，如電影裡才有的夕陽美景，搭配著戶外烤肉更是一絕。晚上就住在美式風格的露營車內，天氣好半夜還可以在戶外看星星吹海風！露營車內沒有衛浴設備，衛浴在外面公用，讓你在一整天的玩樂後可以沖熱澡。出來就聽得到海浪聲，看見寬廣無垠的天空，這也是這裡的魅力，就是不一般，Island Magic讓你遠離城市的喧囂，在戶外放鬆心情，望著星空海景，吃著BBQ配著啤酒享受著悠閒的度假！

INFORMATION

地址：〒901-0233沖繩縣豐見城市瀨長173　※瀨長島コミュニティスポーツ広場の隣
電話：098-851-5525
營業時間：10:30～18:00
停車場：有　公休日：全年無休（需預約）
網址：https://island-magic.jp

BBQ＆露營車使用費用

中午12:00～15:00	6,000日圓～／1位
傍晚17:00～隔天10:00	32,000日圓／2位（平均1位16,000日圓）、
	42,000日圓／3位（平均1位14,000日圓）、
	52,000日圓／4位（平均1位13,000日圓）

＊需提前預約，以上費用都已經配好基本的材料，如果需要額外食材或剪刀等工具都需要再付費，收費方式隨時可能會有變動。

琉球溫泉瀨長飯店

琉球温泉　瀨長島ホテル

Ryukyu Onsen Senagajima Hotel

這家飯店在叫做瀨長島的一個小島上，擁有可以看著大海舒壓的溫泉，早上去泡時靜靜的，感覺像是飄在天空的雲與海裡悠遊的魚兒們，都在天空睡覺的情境中，聽得到微微的海浪聲，這種感覺在其他溫泉是享受不到的。房間是木製地板或琉球Atami地板，讓你打赤腳進房間，從腳底就開始放鬆，這種感覺就像來到日本的住家，體驗日本人的生活方式。飯店離那霸國際機場10分鐘車程，飯店周圍就有很多餐廳、SPA，可以好好享受。此外飯店裡面有一家望海餐廳「風庭」，讓你可以望著海，吹著海風、吃早餐，這是一件來到沖繩必做的事，天氣好可以到露天座位用餐，這餐廳是有得沖繩縣認證的「使用沖繩縣食材的餐廳」，菜色有日式和西式，也有沖繩料理。

INFORMATION

地址：901-0233沖繩縣豐見城市瀨長174-5
入住退房：入住15:00～24:00／退房11:00
電話：098-851-7077
傳真：098-851-7559

望海餐廳「風庭」
營業時間：07:00～10:00（最後點餐：09:30）
早餐吃到飽：大人2500日圓／人
　　　　　　小孩（6-12歲）1250日圓／人

Okinawa Outlet Mall
ASHIBINAA
あしびなーアウトレットモール

從機場開車15分鐘就可以到，是一個很大的空間，裡面有很多世界有名的名牌店，在這裡可以買到因為換季或庫存少的關係有打折的各式各樣的名牌，運動品牌也很多，一般平價衣服也有，還有很多美食，像這商城叫做「ASHIBINA」的意思是「玩耍的庭院」，沖繩方言，所以大家來這裡時間允許的話，可以慢慢逛個半天，累了就去咖啡館休息，餓了就到餐廳吃飯！

INFORMATION

地址：〒901-0225沖繩縣豐見城市豐崎1-188
電話：0120-15-1427
營業時間：10:00～20:00
公休日：全年無休

沖繩 小知識

那霸市沿岸漁業協同組合

大家說到沖繩就馬上想到就是海鮮！新鮮魚貨吧！沒錯，沖繩是一個小島，周圍都是無污染養分豐富的海域。我自己本身也會去海釣，吃自己釣到的魚的感覺是相當美味！同時也會感謝大海和漁夫大哥們。

現在每一個國家都缺做農和漁業的人，年輕人都往市區去了。

現在組合的組長希望維持好這組合，以及好好推廣沖繩釣魚之旅。

那霸市沿岸漁業協同組合有在直營餐廳除外，有在讓愛釣魚的旅客出娛樂船，也有在舉辦限女性的戀愛煩惱大喊釣魚之旅等有趣活動。

有興趣的朋友，先留言到我粉絲頁吧，因為打電話過去也沒人會說中文，不過釣魚就像運動，語言不通也有釣魚語就行！

請關注 🔍 梨梨亞日本甜心女孩　　　　　！

那霸市沿岸漁協組合

地址：沖繩縣那霸市港町 1-1-9

南部
八重瀬町

屋宜家

屋宜家（やぎや）

YAGIYA

這是一間在日本已經有知名度的沖繩麵店。這家有兩個非常非常值得去的理由。

一個是『麵』本身，他們的麵裡頭有拌沖繩獨有的海藻，還有拌豆漿的麵條，除了吃麵條也不能忘記湯頭。他們的湯頭比較清爽，不但夠味，也不輸給麵條。上面還放了一大把沖繩獨有的海藻。這一碗沖繩麵，真的希望大家去吃看看。

再來，第二個就是這家沖繩戰後馬上蓋的建築物本身。這建築物是純沖繩傳統房子。這種房子叫「カーラヤーKA-RAYA-（瓦屋）」，從門口就有我們叫做「ひんぷんHINPUN」的獨特設計，再來就是屋簷上的沖繩神「シーサーSHI-SA-」。在這種傳統房子，在榻榻米上吃麵，我的感覺就是回到奶奶家。週末吃飯時間可能會等15分鐘以上，記得時間抓多一點過去喔！

INFORMATION

地址：沖繩縣島尻郡八重瀨町大頓1172

電話：098-998-2774

營業時間：11:00～16:00

公休日：星期二（但國定假日、暑假期間、新年期間照常營業），另有不定期公休。

南部

南城市

NIRAI KANAI 橋
ニライカナイ橋

可以一望太平洋的絕景地點。走國道331號線就會看見大大的橋,只有開車才能看見這無法形容的美景。橋的名字「NIRAI KANAI」的意思是「海的另一邊的理想鄉」,經過隧道後突然出現的藍天和七色大海,理想鄉無誤。我給大家地圖,自行過去兜風!不用下車,就經過就好,把美景記在心裡!

INFORMATION

Nirai kanai 大橋展望台
地址:沖繩縣南城市知念字知念

知念岬

知念岬（知念岬公園）
CHINEN MISAKI Park

在南部的東邊南城市，我要大推的絕景秘密景點。知念岬的地形是凸出海裡，是三面可以望海的特殊景點。知念岬公園就是把知念岬周圍弄成公園，所以兩個是同一個地方。抵達知念岬之前有很多公共設施，剛開始看不出來這地方有讓人難忘的景色。再加上，這裡是看日出的絕佳景點。看好氣象預報，從那霸差不多40分鐘的車程。附近有可以泡湯的YUINCHI南城飯店。20分鐘可以抵達知念岬。排個時間，讓你的沖繩旅留下難忘的一刻吧！

INFORMATION

地址：沖繩縣南城市知念久手堅
停車場：免費
TEL：098-948-4660

知念海洋水上活動中心
知念海洋レジャーセンター
Komaka Island, Chinen Marine Leisure Center

拍照，相信是遊客對眼中美景的一種紀念品，在這介紹一個擁有神聖自然美景的地方，在哪呢？它就位於沖繩東南邊的南城市。這一家知念海洋水上活動中心就在南城市，他們擁有兩個無人島。主要是帶遊客去KOMAKA島玩浮潛等水上活動。因應當天的海象狀況，船如果無法靠港，會引導遊客到另一個座UKABI島。沖繩有名的就是海島風光，來沖繩就是要到這樣的地方才不虛此行！記得上船前要準備好一些零食跟用品，因為你們要去的是無人島！

INFORMATION

管理：知念海洋レジャーセンター
住所：〒901-1511　沖繩縣南城市知念字久手堅676
電話：098-948-3355
傳真：098-948-3124
營業時間：（4月～9月）9:00～17:30、
　　　　　（10月～3月）9:00～17:00
公休日：無　※海象不佳時無法出航
停車場：有（150輛）
往復料金：大人2,500日圓／小孩1,250日圓
所要時間：15分

無人島必帶食物（一個人份）
水 500cc3瓶、運動飲料500cc 2瓶、茶500cc1瓶、海鹽糖10粒、黑糖塊5粒、酸梅10粒、麵包、飯糰（不用微波不容易壞的東西）、垃圾袋。
這是我去海邊的時候會帶的量。
水多帶不嫌少。
坐在海灘想看著風景享受氣氛的話可以帶咖啡、小餅乾。

沖繩 YUINCHI 南城飯店

ユインチホテル

Yuinchi Hotel Nanjo

從那霸機場出發南下約40分鐘車程，這家飯店在可以眺望太平洋的美景，也擁有讓你療癒的天然溫泉。要來沖繩就是要慢活，這裡就是非常適合想離開吵鬧的大城市，被大自然包圍的環境下的人。享受大自然的氣息的同時，可以無憂無慮的使用飯店設備，有溫泉、有游泳池，有用當地認證的食材製成的多種美味餐點，歡迎享受悠閒輕鬆的度假時光。飯店裡有大眾溫泉之外還有個人包廂溫泉，附設休息空間，可以讓全家人一起享受。需要協助的家人也不用擔心打擾到其他客人，可以先到飯店櫃檯預約時間喔！

INFORMATION 🔍 YUINCHI南城飯店（有繁體中文官方網站可以直接訂房！）

地址：沖繩縣南城市佐敷字新里1688
電話：098-947-0111
傳真：+81-98-947-0116

天然包租溫泉「絆」「愛家」
費用（一位／90分）
1名／5,000日圓、2名／8000日圓（平均一名4000日圓）日圓
3名／9,000日圓（平均一名3000日圓）
4名／10,000日圓（平均一名2500日圓）

世界遺產 齋場御嶽
世界遺産斎場御嶽
World Heritage Sefa-utaki

齋場御嶽是在知念半島，2000年榮幸登記在世界遺產。這名稱念法很特殊要用沖繩方言「SE-FA-UTAKI」。「齋場（SE-FA-）」是神力高很神聖的地方的意思。「御嶽（UTAKI）」是沖繩聖地的總稱。齋場御嶽是最初七大御嶽之一，在沖繩最高的聖地，來參拜的不只是當地人，每一年都有日本各地的參拜者。這裡的氣氛非常嚴肅，空氣清透，聽得到自然在呼吸。走在這裡看見御嶽，可以感受到這裡保佑了很多人，之後也是，我們都可以過去，不分宗教，都很歡迎。

地點在山中，有步道，但還是要穿布鞋、平底鞋來，絕對不能穿高跟鞋喔！對御嶽有興趣的朋友可以找找琉球歷史！

INFORMATION

世界遺產登錄：2000年12月2日　國指定：1972年5月15日　國指定面積：44,643㎡
地址：沖繩縣南城市知念字久手堅地
入場票購票處（販売所）：南城市地域物產館　沖繩縣南城市知念字久手堅539
電話：098-949-1899　停車場：免費聽車場150台。
※免費停車場在南城市地域物 館和知念岬公園。
※從停車場到 場御嶽迄走路7分～10分
營業期間
開館時間：3月1日～10月30日 9:00～18:00 最後入館17：30、入場券銷售至17：15
開館時間：11月1日～2月29日 9:00～17:30 最後入館17：00、入場券銷售至16：45
休館日：10月31日～11月2日 為了確保聖地的寂靜，站在自然保育的觀點，每年農曆5月1日～3日、
　　　　農曆10月1日～3日為休息日。5月26日～5月28日、11月18日～11月20日

麵包工房 MINAMOTOYA
ケーキとパンの店みなもとや

受所謂的沖繩南部人的喜愛，明明店在不是鬧區，卻一直不斷地客人進來，很快速夾滿托盤，我到店裡才半小時有一種麵包只剩一盤。它叫做『丹麥麵包』，它是把肉桂捲在麵皮裡面的丹麥麵包條，很簡單樸素。

清淡的肉桂味，配一杯熱咖啡，香氣不吵架，兩種味道溫柔的隨著你。

還有鮮奶油紅豆麵包也是他們的招牌。它是放在冰箱裡，口感冰冰涼涼，吃過的人才會知道鮮奶油跟紅豆是絕配的！

INFORMATION
地址：沖繩縣南城市佐敷新開1-328
電話：098-947-3886
營業時間：08:30～21:00
公休日：週日

もずくパン
￥70

くんぺん

くんぺん

南城まる
BUTTERカステラ
CASTELLA

チョコ

ターウムパイ
￥130

沖繩世界文化王國 玉泉洞

文化王國おきなわワールド 玉泉洞

Culture Kingdom Gyokusendo Okinawa World

擁有東京巨蛋4倍大的「沖繩世界」。在這廣大的設施內有滿滿的沖繩文化以及沖繩自然的奇景。可以體驗琉球玻璃製作、沖繩染布、牛皮手作體驗等各式各樣的手作作品，都可以當天就帶回家。

在這園區裡有100年的琉球建築物，重現沖繩古早的琉球王國城下町的街景。我們就可以體驗琉球王國時代的服裝，走在街上感受一下當時的感覺。

還有很多設施可以讓你玩一整天！我最推薦的就是日本最大鐘乳洞『玉泉洞』的其中一個行程『鐘乳洞探險』。這個大家一定要體驗真的會讓你留下非常特別的回憶。

INFORMATION

地址：沖繩縣南城市玉城字前川1336番地

電話：098-949-7421

開園：AM 9:00／最終售票：PM 17:00　閉園：PM 18:00

公休日：全年無休

售票金額：

套票（玉泉洞、王國村、毒蛇博物公園）

大人 1,650日圓、小孩 830日圓／團體票價：大人1,440日圓、小孩720日圓

玉泉洞＆王國村

大人 1,240日圓、小孩 620日圓／團體票價：大人 1,030日圓、小孩520日圓

王國村

大人 620日圓、小孩310日圓／團體票價：大人 520日圓、小孩260日圓

毒蛇博物公園

大人 620日圓、小孩310日圓／團體票價：大人 520日圓、小孩260日圓

※小孩：4歲到14歲、大人：15歲以上／團體：15位以上。

鐘乳洞『玉泉洞』

鐘乳洞是鐘乳石所造成。首先大家要知道『鐘乳石』是三年才能長出『1mm』。那麼玉泉洞有「5000m」，大家應該能想想說，形成這麼大的鐘乳洞是耗非常久的時間吧。告訴大家『玉泉洞』是花30萬年的時間才變成現在這個樣子。走玉泉洞的行程是差不多30分鐘就可以。到了玉泉洞裡，這30分鐘一定讓你覺得瞬間就過去了。我們也是進到裡面立刻忘了我們是來採訪，完全從心底享受這行程，被自然的力量迷惑了。

『玉泉洞』秘境探險！

夏季限定的秘境行程！去就知道真的是去對了！去的人才知道去沖繩早應該來這裡。

這個『玉泉洞秘境探險』行程需要2小時半，這時間絕對不會讓你覺得太長太久，三天兩夜的行程的朋友也值得去體驗。這個行程是走進「玉泉洞」後，跨越護欄走進暗摸摸的內部。我們都是先換好照片中我穿的探險服，探險鞋，戴上安全帽跟頭燈，要走沒有路的路。外面超過35度，裡面是21度，鐘乳洞裡全年都是恆溫的，所以我們必須要走到水裡時，一直聽到尖叫聲和笑聲，我想說有那麼冰嗎？真的很冰！從來沒有體驗過，我也不知不覺就一直大叫一直笑。實在是太冰了！不過不往前走不行。日本最大的鐘乳洞的玉泉洞秘境探險是來過沖繩就要來的行程！探險是親自體驗才能感受喔！

「琉裝」琉球王國時代服裝

採用原色鮮艷又華麗的琉裝是在旅遊當中必須體驗的項目之一。

大家都認識日本的和服，但對沖繩的服裝就不太了解。藉著這次在沖繩世界所重現的琉球王國城下町體驗一下琉球王國的服裝。

招幸運的白蛇

別怕！它不會咬你，而且它的身體是冬天的機車坐墊的觸感，冰冰的，這樣形容應該大家都比較不會怕怕的吧！仔細看它其實很可愛！在日本白蛇是帶給你幸運的，難得有這機會跟它拍照留念吧！

Gangala 之谷

ガンガラーの谷

『Gagala山谷』是一個能量聖地。是塌下來的鍾乳洞形成的谷，差不多跟東京巨蛋一樣的範圍變成大森林，走在森林裡低下頭看得到原本在地下的痕跡。想要來到這能量森林，必須要報名有導遊的導覽行程才能進去看。在這行程最壯觀的是細葉榕樹的長長的根。用說的沒有力量，到現場站在細葉榕樹下，你就感覺到自然的力量。

Gagala山谷是「沖繩更新世遺跡調查團」的調查地。日本人的祖先？

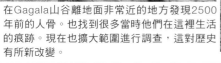

在Gagala山谷離地面非常近的地方發現2500年前的人骨。也找到很多當時他們在這裡生活的痕跡。現在也擴大範圍進行調查，這對歷史有所新改變。

INFORMATION

地址：沖繩縣南城市玉城字前川202番地

報名費：1人2200日圓
　　　　（有大人陪同國中生以下免費）

營業時間：9:00～18:00

行程所需要的時間：約1小時20分鐘

305

海景別宿 Ocean View Nanjo

トラベルエッセンスオーシャンビュー 南条

Travel Essence Nanjo

從那霸開車往南40分鐘的獨棟空間廣大的住宿設施。這本來是一般民宅，周圍沒有逛街的地方，最多就是自然。感覺就是來到一個未知的新天地，整個空間都感覺到木頭的溫和感，有度假感又有住家感，很適合全家三代來住。利用一樓超大廳，甚至8個大人帶8個小朋友都能住！空間就是這麼大，想遠離都市，想好好度假的朋友可以來住這裡！戶外可以烤肉喔！附近是有很多古蹟，也有沖繩世界文化王國、玉泉洞、水非常清透的海水浴場。還有，南城市是看日出的最佳地區。來了沖繩可以安排平常不做的事情喔！

南部

糸滿市

HIMEYURI 平和祈念資料館

ひめゆり平和祈念資料館

Himeyuri Peace Museum

大家對沖繩的印象就是南國樂園吧！沒錯！

一年四季都天天歡樂氣氛的沖繩，不久前沖繩是戰爭地。在戰爭中擔任護士的女學生，五分之四在這地方受美軍的攻擊過世，還有很多醫生和老師也跟著學生過世。不管是什麼人，我們要感謝前輩，雖然不認識，也不是親戚，但因為有他們，才有今天。我們沒有直接經歷過戰爭，所以更要從歷史學習我們該面對這社會，我們該怎麼做，才不會再發生傷心的事。為了更好的明天，祈禱世界全球的和平，希望大家抽空來一下這裡，看看沖繩的歷史。館長很歡迎台灣朋友們！館長和解說員都說穿輕鬆的來，就當作來觀光景點！可以看到很多當時的東西，很有趣。

INFORMATION

地址：〒901-0344 沖繩縣糸滿市字伊原671-1

電話：098（997）2100　傳真：098（997）2102

網址：http://www.himeyuri.or.jp/top.html

入場費：大人 310日圓，高中生 210日圓，小、國中生110日圓（6月23日免入場費）

營業時間：9:00～17:30（最後入館時間17:00）

公休日：全年無休

優美堂的沖繩炸砂糖
優美堂のサーターアンダギー

他們其實是禮品店，但是我要推薦的不是禮品！我要大推給大家的是他們禮品店裡面附設的小店的沖繩炸甜點，老實說他們家的真的真的好吃！就這一句話，外酥內澎！可以代表沖繩去全世界了。他們獨特的是南瓜做的，香氣很溫和，不吃南瓜的朋友也可以試試！我後來知道很多日本本島人會跟他們網購，在日本默默地很有名！

我的嘴巴真厲害！我的話平常這種東西都先微波6秒，然後再用小烤箱上下都鋪鋁箔紙烤5分鐘，最後把鋁箔紙拿起來烤2分鐘！這樣會變外酥內澎！

可以放鬆的心情去兜風！經過這裡下車休息，動一下，上洗手間，喝個東西！

帶回家後美味重現加強秘訣是用小烤箱烤！

想買禮物也可以在這邊買。有一些苦瓜醬菜等特殊的東西。

Wow!!
秀出這本書，免費送你
吃一個沖繩炸甜點
（sa-ta-andagi-）！

INFORMATION

地址：沖繩縣糸滿市伊原372
電話：098-997-3443
營業時間：週一到週日8:30～17:30
公休日：無
停車場：很大很多位子

壱蘭拉麵

うちな〜そば 壱蘭

Ichiran

受當地居民的喜愛的新一代沖繩麵店。麵條是自家做的獨家麵！它的口感的確跟傳統沖繩麵條不一樣，有新鮮感！

店家大推的是『灼熱のティーダそば/灼熱的太陽麵』。在日本吃到這樣這麼辣的麵！需多當地人包含來到沖繩定居的日本本島人都愛上這火辣沖繩麵。我在這家店推薦的是沖繩麵的涼麵版『美ら海そば/美海之沖繩麵』，沖繩麵是熱的湯麵，現在老闆開發成冷的，它的湯頭真的厲害，有表現出沖繩麵該有的基礎味，卻讓人吃的很新奇很心動！我大推！

INFORMATION

地址：沖繩縣糸滿市西崎2-6-1　マンションファミリア 101（大樓名稱不用輸入）

電話：050-5570-5426

營業時間：週二到週六 中午11：00～16：00、晚上17：30～20：30

　　　　　週日 11：00～16：30（全天供應）（數量有限。麵條沒了就營業結束）＊有商業午餐

公休日：每周一、第三個星期日

座位：16個　停車場：有

琉球玻璃村
琉球ガラス村

沖繩最大的琉球玻璃工房。仔細看建築牆壁，很漂亮的花紋圖案都是貼玻璃展現出來的，走在那裡就覺得貼滿玻璃的設計師真的很厲害。走進建築物裡，眼前看見的都是閃亮清透的各式各樣的琉球獨特的玻璃作品。走到最裡面有玻璃美術館，裡面的作品每一個都散發出藝術家的氣息。我希望大家在這裡都花一點時間，一個一個慢慢欣賞，讓心靈接觸一下平常碰不到的東西。

在這玻璃村裡面還有製作玻璃杯的體驗，做相框，果凍蠟燭，做飾品等可以親自製作留下紀念的課程。讓小朋友體驗自己做也可以，大人也一起製作，當作旅遊的回憶也不錯！

INFORMATION 　🔍 琉球玻璃村

地址：日本沖繩縣糸滿市字福地169（導航輸入電話號碼098-997-4784，就可以正確抵達琉球玻璃村）

電話：098-997-4784

傳真：098-997-4944

營業時間：9：00～18：00／工場參觀：17：30／美術館：10：00～17：00／
　　　　　餐廳：11：00～17：00（最後入場時間16：00）

公休日：全年無休

停車場：有（小客車60輛/巴士10輛）

沖繩南方海灘渡假村

サザンビーチホテル＆リゾート沖縄

Southern Beach Hotel & Resort Okinawa

飯店在沖繩最南邊的城市糸滿市是很有氣質的度假飯店，房間有「沙灘海景房」和「灣岸海景房」兩種，都可以看見海。這裡很適合穿度假風洋裝進出，飯店內還有兒童娛樂區，也有預約制的托嬰服務。所以，爸爸媽媽想兩個人透透氣一下的話，可以多多利用這服務。飯店門口就是白沙灘的海水浴場，基本水上活動都可以玩。

從飯店的游泳池看見的夕陽非常美，天空都是大橘色，感覺來到夢幻世界。

INFORMATION

地址：〒901-0306 沖繩縣糸滿市西崎町1-6-1

電話：098-992-7500　　傳真：098-992-7600

入住退房時間：入住 14:00、退房 11:00

停車場：有

預約制在客房托嬰服務

營業時間：9:00-18:00

小朋友的年紀：4個月-12歲

費用：9:00～20:00 5,000日圓／2小時（延長2,000日圓／1小時）

　　　20:00～22:00 6,000日圓／2小時（延長2,000日圓／1小時）

過年期間，日本長假會有調整價格。

＊當天預約：而外收1400圓（不含稅）、請各自準備小朋友的點心

＊小朋友的狀況不佳時，由飯店以及保母來判斷是否能提供這項服務

服務專線：098-992-7500

美美海水浴場
美々ビーチ
Bibi Beach Itoman

沖繩最南端的海水浴場。基本上你想得到的水上活動都有。

我在這裡體驗的水上活動中印象深刻的是「フライボード/飛板」。

員工說最快也要兩天才能飛，但是我是要拍攝必須立刻飛，我就花不到15分鐘就飛起來了！不過可惜的是4月日本新年度開始沒有這項目了，因為教練換工作了。其他水上活動和空手BBQ還是都有，隨時可以看一下他們的網站，或許請到新教練！

INFORMATION

地址：沖繩縣糸滿市西崎町1-6-15

電話：098-840-3451

施設開園時間：早上8:30～下午8:30（4月～10月）、早上8:30～下午7:30（11月～3月）

　　　　　　　※除了日本過年期間

遊泳期間：4月15日～10月末

遊泳時間：早上9:00～下午6:00（7月和8月可以到下午7:00）

BBQ利用時間：4月～10月　午前10:00～午後8:00

　　　　　　　11月～3月　午前10:00～午後7:00

休園日：11月～3月、週二，日本過年期間

停車場：600個位子／轎車一次500日圓

手指日文即時通！

可以練習發音，不過直接用手指還是比較快！
回國再慢慢學日文吧！
因為說實話，店家是在營業，日本是每一個客人都要好好接待，如果你完全不會講只是想講講看的話，看看店裏狀況，不要打擾店家營業為前提試試看吧。

日文羅馬特殊發音 ＊ ri=li＝哩 ，＊ i=e＝伊

有。	あります。	是嗎？	そうですか？
a ri ma su		so u de su ka?	
沒有。	ありません。	不是嗎？	そうじゃないんですか？
a ri ma sen		so u jya na I nn de su ka?	
是。	そうです。	對嗎？	そうですか？（当たっていますか？）
so u de su		so u de su ka?	
不是。	いいえ、違います。	不對嗎？	違いますか？（間違っていますか？）
chi ga i ma su		chi ga I ma su ka?	
對。	そうです。	可以嗎？	いいですか？
so u de su		I I de su ka?	
不對。	いいえ、ちがいます。	不可以嗎？	ダメですか
I I e chi ga i ma su		？ da me de su ka?	
可以。	はい、いいです。	行嗎？	大丈夫ですか？（いいですか？）
Ha I , i i de su		da I jyou bu de su ka?	
不可以。	ダメです。	不行嗎？	ダメですか？
Da me de su		da me de su ka?	
有嗎？	ありますか？		
a ri ma su ka?			
沒有嗎？	ありませんか？		
a ri ma sen ka?			

在餐廳

這表現方式是直接表達我要什麼。
只有基本禮儀。沒有詢問的意思。

每個句子前面加一句『すみません。』
SUMIMASEN

請給我熱開水。　　お湯をください。
o yu wo ku da sa i.

請給我溫開水。　　ぬるま湯をください。
nu ru ma yu wo ku da sa i.

請給我冰開水。　　冷たいお水をください。
tsu me ta i o mi zu wo ku da sa i.

請給我熱茶。　　　温かいお茶をください。
a ta ta ka i otya wo ku da sa i.

請給我湯匙。　　　スプーンをください。
su puun wo ku da sa i .

請給我筷子。　　　お箸をください。
o ha shi wo ku da sa i.

請給我小碗。　　　小さいお茶碗をください。
chi i sa i o tya wan wo ku da sa i.

請給我盤子。　　　とり皿をください。
to ri za ra wo ku da sa i.

請給我濕紙巾。　　ウエットティッシュをください。
u etto tysyu wo ku da sa i.

請給我醬油。　　　お醤油をください。
o syou yu wo ku da sa i.

請給我哇沙米。　　わさびをください。
wa sa bi wo ku da sa i.

請給我辣的醬料。　唐辛子系のスパイスをください。
tougarashi kei no su pa i su wo ku da sa i.

貼心提醒：
店家資訊有可能會自行調整，與採訪時不同，
出國前請務必上網查詢最新資訊。

點餐＆素食等特殊點餐

這，一個　　　　　これ一つ
ko re hi to tsu

這，兩個　　　　　これ二つ
ko re hu ta tsu

這，三個　　　　　これ三つ
ko re mittu

請給我一個這個。　これを一つください。
ko re wo ku da sa i.

請給我兩個這個。　これを二つください。
ko re wo hu ta tsu ku da sa i.

在這裡吃。　　　　ここで食べます。
ko ko de ta be ma su.

我要外帶。　　　　テイクアウトです。
te i ku a u to de su.

這一份有幾個？　　一皿分で何個ありますか？
hi to sa ra bun de nan ko a ri ma su ka?

這一組有幾串？　　この一セットで何本入ってますか？
ko no hi to setto de nan bon haitte i ma su ka?

這個裡面有牛肉嗎？　この中に牛肉は入ってますか？
ko no na ka ni gyuuniku ha ha itte ma su ka?

給爸爸媽媽的手指日文

可以幫我安排不會吹到冷氣的位子嗎？
クーラーが直接当たらない席をお願いできますか？

可以借我一個空間讓我換尿布嗎？
オムツを替えたいのですが、どこか場所をお借りできない
でしょうか？

我要泡奶粉，可以給我熱水嗎？
ミルクを作りたいので、お湯をもらえますか？

可以讓我洗一下奶瓶嗎？
哺乳瓶を洗わせていただけませんでしょうか？

可以給我小朋友用的餐具嗎？
子供用のお茶碗、お皿をお借りできますか？

有兒童餐嗎？
お子様セットはありますか？

Special Thanks

與那覇 義隆 (Yoshitaka Yonaha)

大成 祐爾 (Yuji Taisei)

高橋 公太郎 (Kotaro Takahashi)

新里 哲郎 (Tetsuo Shinzato)

倉岡 大樹 (Daiki Kuraoka)

與那嶺 建治 (Kenji Yonamine)

楊樺（Alan Yang）

三木克彦（Katsuhiko Miki）

日出克（HIDEKATSU）

慶松 大海 (Hiroumi Keimatsu)

山城 一 (Hajime Yamashiro)

渡真利 聡 (Satoshi Tomari)

奥原 悟（Satoru Okuhara）

高江洲 義之 (Yoshiyuki Takaesu)

比嘉 満 (Mitsuru Higa)

大畑 雅也（Masaya Ohata）

清水 敦士（Atsushi Shimizu）

屋比久敬裕 (Keiyu Yabiku)

今井 恒子 (Tsuneko Imai)

山田 順子 (Junko Yamada)

金城 利憲 (Toshinori Kinjo)

金城 一彦 (Kazuhiko Kinjo)

又吉 演 (En Matayoshi)

森田 真（Makoto Morita）

金城 有作 (Yusaku Kinjo)

林信帆（Hsin Fan Lin）

陳鴻文（Hung Wen Chen）

諸喜田 伸（Shin Shokita）

山本 千誉 (Kazutake Yamamoto)

ジョージ紫（George　Murasaki）

コラム協力

大城 勤、新垣 正枝、和田 香奈子、
天才光男

制作協力

株式会社ニューステップ、
株式会社 WISE DEVELOPMENT

取材協力

アメニティ・グループ、宇流麻市観光協会、オキナワグランメールリゾート、ザ・テラスホテルズ、瀬長島ツーリズム協会、WBF ホールディングス、チャイナエアライングループタイガーエアー台湾（虎航）、北谷町観光協会、北谷町商工会議所、忠孝酒造、Travelessence、今帰仁村観光協会、那覇市沿岸漁業協同組合、南都、南部観光協力会、FunNow Okinawa、Blueship Okinawa、前田産業ホテルズ、本部町観光協会、ラグナガーデンホテル、りゅうせき

採訪統籌

小川潤 (Jun Ogawa)

攝影協力

新垣博三 (Hiromitsu Arakaki)

明邑鴻 (Kenny Ming)

TITLE

扶桑花女孩梨梨亞　沖繩秘境自駕遊

STAFF

出版	瑞昇文化事業股份有限公司
作者	梨梨亞
總編輯	郭湘齡
文字編輯	徐承義　蕭妤秦
封面設計	洪伊珊
排版設計	洪伊珊
製版	明宏彩色照相製版股份有限公司
印刷	龍岡數位文化股份有限公司
法律顧問	經兆國際法律事務所　黃沛聲律師
戶名	瑞昇文化事業股份有限公司
劃撥帳號	19598343
地址	新北中和區景平路464巷2弄1-4號
電話	(02)2945-3191
傳真	(02)2945-3190
網址	www.rising-books.com.tw
Mail	deepblue@rising-books.com.tw
初版日期	2019年12月
定價	399元

國家圖書館出版品預行編目資料

扶桑花女孩梨梨亞：
沖繩秘境自駕遊/梨梨亞著.
-- 初版 .-- 新北市：瑞昇文化，
2019.11
320 面；14.8x21 公分
ISBN 978-986-401-377-7(平裝)

1. 自助旅行 2. 汽車旅行
3. 日本沖繩縣

731.7889　　　　108016502